„Ich liebe Katzen
und das ist auch gut so!"

© 2014 Sabine Ruthenfranz
Alle Rechte vorbehalten. Abdruck oder Veröffentlichung in elektronischer
Form nur nach vorheriger schriftlicher Genehmigung durch die Autorin.

Fotos und Illustrationen: Sabine Ruthenfranz
Lektorat: Katja Wolf, Lüneburg
Gestaltung und Satz: Agentur rundum GWK, Bochum

Bibliografische Information der Deutschen Nationalbibliothek:
Die Deutsche Nationalbibliothek verzeichnet diese Publikation in der
Deutschen Nationalbibliografie; detaillierte bibliografische
Daten sind im Internet über www.dnb.de abrufbar.

Herstellung und Verlag:
BoD – Books on Demand, Norderstedt

ISBN 978-3-7357-6135-4

Sabine Ruthenfranz

SCHNURRIFIZIERT
verrückt nach Katzen

Inhalt

Katzen

Es ist kein Zufall, dass dieses Buch mit genau diesem Wort anfängt: Katzen.
Falls Sie Sich darüber wundern, haben Sie sich vermutlich in der Lektüre vergriffen. In diesem Fall verschenken Sie es einfach an jemanden, der mit einer der rund 11,5 Mio. Katzen in Deutschland (ja, so viele gibt es hier wirklich) zusammenlebt und machen demjenigen eine riesige Freude damit. Falls Sie sich nicht darüber wundern, liegen Sie mit Ihrer Buchauswahl goldrichtig und werden sich auf den folgenden Seiten aller Wahrscheinlichkeit nach verstanden, inspiriert und gut aufgehoben fühlen.

„Katze", egal ob im Singular oder Plural, ist „das" was seit langer Zeit mein Herz erfüllt und mich nahezu rund um die Uhr beschäftigt. Katze beim Augen aufmachen, Katze zwischendrin und Katze zum Schlafengehen. Und ich habe das unglaubliche Glück mit Zweien leben und arbeiten zu dürfen. Das bedeutet Katzengesellschaft rund um die Uhr. Das Paradies. Mein Paradies.

Für meinen Alltag, sofern man beim Zusammenleben mit Katzen überhaupt von Alltag sprechen kann, bedeutet das eine herrliche Symbiose aus Liebe, Leidenschaft und Beruf.

Wen wundert es also, dass sich irgendwann einmal alles verselbständigte und ich mich als „Crazy Cat Lady" wiederfand. Wie schlimm es um mich und mein „Crazy Cat Lady-Dasein" bestellt ist, überlasse ich Ihnen. Sie werden es in diesem Buch erfahren und sich anschließend selbst ein Bild davon machen können. Vielleicht werden Sie auch feststellen, dass Sie selbst betroffen sind. Hoffentlich sogar, denn meiner Meinung gibt es nichts Schöneres.

Auf die so unpassenden Worte Katzenhalter, Katzenhaltung, Halter, Haustier, Heimtier... verzichte ich ganz bewusst in diesem Buch, weil sie der Thematik in keinster Weise gerecht werden. Sie werden an dieser Stelle Begriffe wie etwa Katzeneltern, Zusammenleben mit Katzen, Katzenkinder, Vierbeiner und so weiter finden. Sie „halten" sich doch schließlich auch keine Menschenkinder oder gar einen Ehemann. Oder etwa doch?

Auf ein „Miau" verzichte ich hier noch mal. Ich will Sie an dieser Stelle noch nicht damit überfor-

dern. Aber machen Sie sich schon mal gefasst -
auf die totale Schnurrifizierung...

Mams und ich

Mams sagt manchmal *„Bei aller Liebe. Mir läuft
gleich Blut aus dem Ohr, wenn Du noch einmal
Katze sagst!"*

Und ich sage es oft. Sehr, sehr oft. Katze, Katze,
Katze. Aber so ist das nun mal, wenn man mit
Katzen zusammenlebt und -arbeitet, sich einen Teil
seiner Arbeit mit Katzen beschäftigt, sich einen
Teil des Tages mit seinen eigenen Katzen beschäftigt, Anrufe von Katzenhaltern über das Internet er-
hält, Anfragen von Katzenhaltern per E-Mail über
die Homepages ankommen, Anfragen von Be-
kannten befreundeter Katzenhalter bei einem ankommen, der Freundeskreis aus einer Vielzahl
wundervoller Katzenhalter besteht, die Eltern
große Katzenfreunde sind, der eigene Kater „Twitterkatze" der ersten Stunde ist und zudem noch
hunderte Katzenfreunde auf Facebook hat. Und
wenn die Nachbarn einen bezaubernden Freigän-
gerkater haben, der einem immer dann, wenn es

eigentlich mal nichts mit Katzen zu sagen gäbe über den Weg läuft, um einem Worte des Entzückens zu entlocken. Oder wenn Nachbars Kater eben mal nicht über den Weg läuft und einem dann ein besorgtes *„Wo isser denn nur?"* entfährt. So ist das bei mir.

Mams ist dahingehend leidgeprüft und muss sich all meine Katzengeschichten anhören, ob er will oder nicht und mittlerweile ist er selbst auch vollkommen „schnurrifiziert". Das erkennt man übrigens daran, dass er

a) sich dieses Wort ausgedacht hat
b) er mehr über die Bedürfnisse und Eigenarten von Katzen weiß als ihm lieb ist und
c) dass ihm bei Facebook seit neuestem mit steigender Tendenz Fotos von niedlichen Katzenbabies angezeigt werden.

Man muss wissen: Facebook weiß schon sehr gut was man sehen will und was nicht und blendet entsprechende Inhalte ein. Und wie es aussieht hat Mams ganz einfach bei dem sogenannten „Cat-Content" etwas zu häufig auf „gefällt mir" geklickt. Gut so :-)

Wenn Mams dann doch mal wieder, wie er selbst sagt, „Blut aus dem Ohr läuft", weil ich ein paar Mal zu oft „Katze" gesagt habe, erwidere ich darauf meist nur ein fragendes „*Miau?*" und wir beide müssen lachen, während zwei fröhliche Katzen um uns herumtollen, die Sonne scheint und die Vögel zwitschern. So ist das bei uns.
Mein Paradies.

Ach so, Mams ist übrigens der **Mann An Meiner Seite**. Und die fröhlichen Katzen unsere beiden Kinder Dolly und Pauli. Dolly, eine abenteuerlustige Mischung aus Norwegischer Waldkatze, Maine Coon plus eine geheime Prise X. Und Pauli, mein treu-süßer, äußerst vernaschter und immer für einen Spaß aufgelegter Somali-Kater.

In den Steckbriefen haben Sie die Gelegenheit die beiden etwas näher kennenzulernen. Außerdem meldet sich in diesem Buch auch Pauli gelegentlich zu Wort, aber das werden Sie schon merken...

Steckbrief: Dolly

Jahrgang: 2007
Abstammung: Wald-und-Wiesen-Mix
Hobbies: Gärtnern, Nachtexpeditionen

Bevor Dolly bei mir einzog, vergingen leider viel
zu viele Jahre in denen ich keine Katze bei mir
leben lassen konnte. Mietverträge und mein noch
ach so junges Leben mit Berufsausbildung und Stu-
dium ließen meine Mutter immer wieder an mein
Herz appellieren, dass noch nicht die Zeit für
solch eine große Verantwortung sei. Und ich blieb
vernünftig. Aber ich hatte das Glück, dass meinen
Eltern ein rotgetigertes Fellbündel zulief und ich
zumindest in Teilzeit die Rolle einer Ersatzkatzen-
mutter übernehmen konnte. Unsere große Katzen-
liebe Tiger. Leider schon im Katzenhimmel, aber
für immer in unseren Herzen.
Nach einigen katzenlosen Jahren war es endlich
soweit. Ich hatte mehrere Katzenratgeber gelesen,
eine Profi-Katzensitterin in der Nähe ausfindig gemacht und wollte zum offiziellen Teil übergehen -
der Katzenadoption. Nachdem sämtliche Tier-
heime im Umkreis nur Freigänger zur Vermittlung
hatten, machte ich mich auf den Weg zu verschie-

denen Züchtern, um dann schlussendlich bei einem Nichtzüchter, also von privat, eine winzige aber dafür mit viel Fell auf das doppelte aufgeplusterte kleine Dolly zu finden. Sie wäre schon 8 Wochen alt (sagte man mir) und ich könne sie auf der Stelle mitnehmen (drängte man mich). Aber ich wollte sie lieber noch bei ihrer Katzenmutter lassen. So zumindest der Plan.

Der Plan erfuhr dann allerdings „aus Gründen" eine Änderung und ich holte sie schon am Folgetag ab. Sonst wäre sie wohl woanders gelandet, da die „Züchter" nicht besonders wählerisch mit den zukünftigen Eltern ihrer Schützlinge waren. Freilich habe ich mich erst beim Tierarzt meines Vertrauen erkundigt, ob 8 Wochen denn in diesem speziellen Fall „okay" wären. Schließlich sollte man Katzenkinder so lange wie möglich bei ihren Müttern lassen. Das wusste ich.

Dann kam der glückliche Moment in dem Dolly mitsamt einem für sie noch riesigen Spielzeug in die Transportbox krabbelte, sich hinlegte und schlief bis sie Zuhause wieder raustapste. Rückblickend war Dolly vermutlich eher 6 als 8 Wochen und damit noch viel zu klein um von ihrer beeindruckend lässigen und eleganten Katzenmutter weggenommen zu werden. Aber alles ging gut und hätte ich sie nicht genommen, so hätte sie vermutlich der nächste Interessent geschnappt.

Eltern von Menschenkindern belächeln mich meist, wenn ich noch heute mit Tränen in den Augen von diesem Moment erzähle. Dolly ist ja „nur eine Katze" und „bei Menschenkindern ist alles viel, viel emotionaler".
Nein!!! Ist es nicht! Kann es nicht! Denn mehr Emotion und Liebe geht beim besten Willen nicht. Aber gut, wo schnurrifiziert drauf steht ist auch schnurrifiziert drin.

Ich war jedenfalls glückstaumelnd und Dolly offenbar auch, denn sie kuschelte sich nach ausgiebiger Wohnungsbesichtigung an mich und schlief erschöpft ein. Was ein Tag. Einer von mehreren schönsten Tagen in meinem Leben. Mein erstes Kind. Wow!

Steckbrief: Pauli

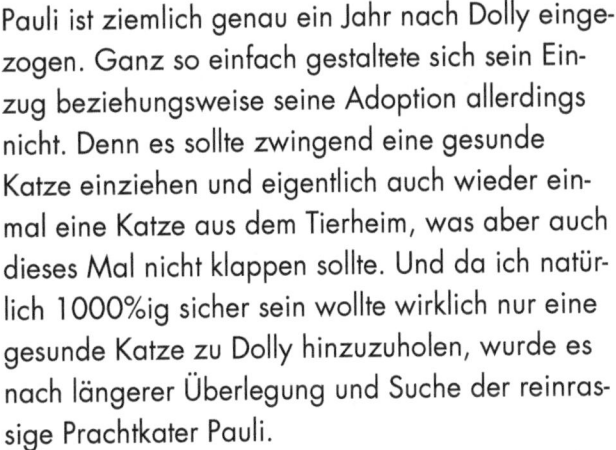

Jahrgang: 2008
Abstammung: Somali
Hobbies: Futtern, Piepsen, Galoppieren

Pauli ist ziemlich genau ein Jahr nach Dolly eingezogen. Ganz so einfach gestaltete sich sein Ein-
zug beziehungsweise seine Adoption allerdings
nicht. Denn es sollte zwingend eine gesunde
Katze einziehen und eigentlich auch wieder einmal eine Katze aus dem Tierheim, was aber auch
dieses Mal nicht klappen sollte. Und da ich natürlich 1000%ig sicher sein wollte wirklich nur eine
gesunde Katze zu Dolly hinzuzuholen, wurde es
nach längerer Überlegung und Suche der reinras-
sige Prachtkater Pauli.
Mit allem Zipp und Zapp versteht sich. Gesund-
heitlich geprüften Eltern, Stammbaum und miezselbstverständlich katzen-, hunde- & staubsauger-
verträglich. Ja, so ist das mit einer 1a-Zuchtkatze.
Sie wird schon als Zwerg auf die Herausforderun-
gen des Lebens vorbereitet und mit dieser nennen
wir es mal „Sonderausstattung" den potentiellen,
neuen Katzeneltern angepriesen. Schließlich wollen diese keine Terrorkatze, sondern eine an-

schmiegsame und verschmuste Mieze.

Interessiert man sich für eine Zuchtkatze, so findet man in den Annoncen in der Regel blumige Beschreibungen der jeweiligen „Cattery" (dem Zuchtzuhause) mit ebenso phantasievollen Beschreibungen der jeweiligen Rasse, sowie den Vorzügen, warum man ausgerechnet dort seine Katze „kaufen" sollte.

Wenn einer für Marketing ein großes Verständnis aufbringt, dann ich, bin ich doch seit vielen Jahren in diesem Bereich selbständig. Aber vielleicht hat mich gerade deshalb häufig ein ungutes Gefühl beschlichen, als ich mich auf die Suche nach einer Partnerkatze für Dolly machte. Ich habe mir entsprechend viele Züchter angesehen, was ich nur jedem ans Herz legen kann, um ein Gefühl für „sensationell" und „totaler Vollhorror" zu entwickeln und die feinen Unterschiede in den Züchterhaushalten zu erkennen. Aber zurück zur Annonce.

Katzeninserate muss man sich in etwa wie Hotelbeschreibungen bei der Reisebuchung vorstellen. Dort steht ja auch meist etwas wie „Zimmer mit Meerblick, zentral gelegen im modernen Viertel." Was so viel bedeutet wie „Man kann vom Zimmer aus ein Fitzelchen Blau sehen (wenn man den Hals reckt), wohnt mitten im Verkehrsgetöse (zum Beispiel in Flughafennähe) und kann sich auf Baulärm gefasst machen (da die Hotels nebenan noch nicht fertig sind).

Bei Rassekatzen gibt es ähnliche „Übersetzungen", die man zu deuten wissen sollte.
„Superschöne, typvolle, gesunde Kitten, in liebevolle Hände abzugeben. Verschmust und an Kinder, Hunde und Staubsauger gewöhnt."
Das soll erst einmal heißen: *Sie erhalten eine 1a-Zuchtkatze. Der Preis ist es wert. Sie werden keine Probleme mit einer unserer Katzen haben. Los, greifen Sie zu.*

„Superschön" bedeutet aber auch, dass man bei den Katzen das Geodreieck anlegen kann und keine großartigen „Normmängel" finden wird. „Typvoll" steht für „hat Ohren gemäß Rassestandard". „Gesund" kann bedeuten „wir haben noch nichts gefunden" und „liebevoll" meint eigentlich „zahlungskräftig". Denn für eine Rassekatze muss man ganz schön tief in die Tasche greifen. „Verschmust" heißt eigentlich, lässt sich auch mal streicheln - wenn sie es will.

Die Sache mit den „Kindern, Hunden und Staubsaugern" lässt mich immer schmunzeln.

Ich stelle mir dann einen Haushalt vor in welchem mehrere Kinder laut schreiend Indianer spielen, ein großer Hund bellend durchs Bild flitzt und die Züchterin mit Lockenwicklern im Haar im Hintergrund staubsaugt. Das ist natürlich Blödsinn und eigentlich auch nur ein verkaufsfördernder Hinweis, aber Abwechslung tut auch der Entwicklung von Katzenkindern gut und erweitert das Erfahrungsrepertoire, so dass wenn es denn stimmt, mit weniger Problemen zu rechnen ist, da das Katzenkind schon abgehärtet ist und den Wahnsinn des Menschenalltags kennengelernt hat. In der Theorie zumindest.

Aber nicht nur die Katze, mein Pauli, wurde nach allen Regeln der Kunst gecheckt. Auch ich musste da durch. Kritische Züchteraugen begutachteten mich und ich musste Rede und Antwort stehen. Was kann ich dem Katzenkind überhaupt bieten? Gibt es eine Zweitkatze? Wie lange bin ich außer Haus? Verdiene ich genug? Biete ich etwa Freigang? Habe ich einen abgesicherten Balkon oder ein Fenster? Sicherheitsvorkehrungen im Haus wurden diskutiert und dann zog Pauli nach einer vollen Anreisestunde mit paulitypischem Gepiepse schließlich ein. Pauli und seine Giardien, die unser TÜV-geprüfter Prachtkater im Darm mitbrachte. Aber das ist eine andere Geschichte. Die aus Interesse mitlesenden Nichtkatzeneltern mögen bitte ergänzende Details zum Thema Züchter/Rassekatze und auch über Giardien im Anhang nachlesen.

Pauli war eigentlich ein „N-Wurf", denn Züchter gehen bei der Namensgebung ihrer Schützlinge gerne nach Alphabet vor. Aus diesem Grund sollte Pauli deshalb, festhalten bitte, Norbert heißen. Ehrlich gesagt sind mir damals auch keine besseren Katzennamen mit N eingefallen. Aber Norbert?

Ich durfte freundlicherweise in die geburtsurkundliche Namensvergabe eingreifen. So wurde aus Norbert Pauli. Genauer gesagt: Newman Paul von und zu Hassenichtgesehn. Wie Schauspieler Paul Newman, wegen des Newman-N und eigentlich nach meinem Großvater Paul benannt. Später erfuhr ich, dass Paulis Einzugstag sogar der Todestag von Paul Newman gewesen sein soll.

Jedenfalls: Schwere Geburt so eine Katzenadoption. Puh!

Pauli im Schnurrgebiet

Dosi sagt, der Winter ist doof – dunkel, kalt und ungemütlich. Dabei liegt Gemütlichkeit doch auch irgendwie im Auge des Betrachters. Ich zum Beispiel nutze die Winterzeit um ausgiebig im Körbchen zu liegen und vor mich hin zu schnurren. Ich schnurre mir den Winter sozusagen einfach schön. Gut, Menschen haben diese Möglichkeit leider nicht. Überhaupt ist ja bei Euch Zweibeinern heutzutage fast alles schnurrlos – vom Telefon bis zum Computer. Traurig. Aber es gibt durchaus Möglichkeiten dieses „Schnurr-Defizit" auszugleichen: Beginnt den Tag mit einer Katzenwäsche und lasst Euch erst mal einen Schnurrbart wachsen. Dann geht in das kleine Café nebenan, welches nur einen Katzensprung von Eurer Miezwohnung entfernt ist. Setzt Euch an den

schnurrgeraden Katzentisch und spielt
eine Runde Mau-Mau. Bezahlt die
Zeche mit Katzengold, bevor Ihr Euren
Heimweg auf dem Fahrrad mit Katzen-
augen antretet. Ihr werdet schon
sehen, Ihr seid „rubbeldiekatz" wieder
zu Hause und habt am nächsten Morgen keinen Muskelkater, sondern seid
miezfidel. Wenn das alles nicht hilft,
dann träumt vom nächsten Urlaub auf
„Miaui" oder in „Katerlanien". Oder
noch viel besser: Lasst Euch einfach
von Euren Katzen beschnurren...

Geschäftstelefonate mit und ohne Katze

Ich habe das Glück mit meinen Katzen leben und arbeiten zu dürfen und bin demnach nur sehr selten ohne Katzengesellschaft. Ich finde das prima und wir drei sind mittlerweile auch im Büro ein eingespieltes Team. Pauli sorgt dafür, dass ich regelmäßig aufstehe, um ihn entweder auf den Bürobalkon rauszulassen oder ihn wieder hereinzulassen. Man kennt das ja. Und da Dolly und Pauli nur im Haus leben, bin ich diesbezüglich sehr entgegenkommend. Ich betrachte es als miezselbstverständlichen Service für meine Katzenkinder und Anti-Krampfader-Fitnesstraining für mich. Dolly ist diesbezüglich etwas lockerer, dafür verkündet sie vehement, wenn sie nach draußen gelassen werden will und bleibt dann auch meist dort. Für frische Luft ist also auch immer gesorgt, während ich im Katzenbüro am Computer sitze, Bürokram und andere Dinge erledige, die man halt so tut, wenn man arbeiten muss.

An Schlechtwettertagen sitzen beide bei mir im Büro. Dolly in ihrem Kommandokörbchen unter dem Schreibtisch und Pauli in seinem Erbkörbchen links neben mir. Das Erbkörbchen hat ihm Tiger, der Kater meiner Eltern vermacht - daher der Name.

Pauli hat auch ein sehr gutes Zeitgefühl, so dass er dafür sorgt, dass ich nicht aus Versehen am Schreibtisch übernachte. Denn manchmal vergesse ich in der Tat was um mich herum passiert, wenn ich arbeite. Dann kommt Pauli, setzt sich erst einmal neben mich und starrt mich an. Manchmal reicht das schon, weil ich mich beobachtet fühle und dann zu ihm schaue. Falls ich jedoch zu tief in meiner Arbeit stecke, stellt er sich auf seine Hinterpfoten und piekst mir in den Speck bis ich aufstehe und endlich das heißersehnte Abendessen serviere.

Wenn es Dolly zu langweilig wird, setzt sie sich, so wie viele andere Katzen auch, einfach auf meine Tastatur, meine Hände oder auf beides. Dann ist es Zeit innezuhalten, zu schmusen und Arbeit Arbeit sein zu lassen. Meine Art der Zwischendurch-Büromeditation, die ich jedem wärmstens empfehlen kann. Alles in allem verbringen wir sehr harmonische Bürotage miteinander und ich genieße jede Sekunde, die wir zusammen sind. Es gab allerdings eine Zeit, da hatte ich ein paar

komplizierte Kunden (ich glaube ja, die gibt es immer) und nicht die Nerven für schmuseorientierte Zwischenfälle mit meinen Katzenkindern. Wichtige Telefontermine waren in der Regel fest terminiert, so dass Dolly und Pauli wohl oder übel das Büro verlassen mussten, wenn ein solcher Termin anstand. Auch wenn das Büro miezselbstverständlich der Hauptaufenthaltsraum für sie ist, schließlich spielt sich dort fast unser gesamter Alltag ab. Aber da hilft kein Murren und Miauen, einer muss ja schließlich das Katzenfutter verdienen. Also raus aus dem Kommandokörbchen und Bürotür zu. So.

Im Nachhinein frage ich mich, warum ich mich damals so angestellt habe. Wegen der Eventualität eines Miau-Zwischenfalls?
Wenn es nur das wäre... Jahre später kenne ich die Gründe für mein damaliges Verhalten besser. Viele Gründe. Und ich muss feststellen, dass es damals die richtige Entscheidung war. Denn der Herr Vorstand eines mittelständischen IT-Unternehmens wäre mit gewissen Soundeffekten sicher nicht so locker umgegangen. Gut, dass ich mit ihm stets per Handy während seiner 200km/h Autofahrt mit Echo und Rauschen im Hörer klarkom-

men musste, versteht sich von selbst. Ich bin ja schließlich Dienstleister. Aber da durfte von meiner Seite dann auch kein weiteres Störgeräusch hinzukommen.

Jahre später bin ich deutlich entspannter, als ich mit einer Kundin telefoniere. Sie hat ein Pferd, keine Katzen. Aber das tut nichts zur Sache. Denn sie kennt Katzen und weiß sich Ihnen gegenüber höflich zu benehmen. Sie begrüßt sie bei ihren Besuchen in meinem Büro zuverlässig mit einem formvollendeten Augenblinzeln.
Da war es dann auch nicht so schlimm, als Dolly während eines Telefonats mit ihr auf den Schreibtisch hopste, mich ansah, um dann...
gunk-gunk-gunk-brüäh ...auf meine Unterlagen zu... Sie wissen schon.

! An dieser Stelle muss ich für eventuell neugierig
• mitlesende Nichtkatzeneltern anmerken, dass Katzen nicht ständig erbrechen und dies schon gar nicht absichtlich tun, um uns zu ärgern. Und dass es sich dabei auch nicht um richtiges Erbrechen handelt. Es ist nahezu geruchlos, meist wenig flüssig und nur ein Dreadlock aus verschluckten Haaren von der Fellpflege. Aber es erklärt eventuell

auch warum Katze in Österreich nicht etwa Katz heißt, sondern Koootz.

Zurück zu meiner Kundin, welcher die imprägnanten Geräusche natürlich nicht entgangen waren. Ihre Reaktion? Vollkommen unspektakulär:

„Oh, hat da etwa gerade ihre Katze gekotzt?"

„Ja, kleinen Moment bitte."
(Griff zum Kleenex) ***wisch-schmrotz-kloing***
(letzteres war der Papierkorb)
„So, zurück zum Thema. Bis wann brauchen Sie denn die Visitenkarten?"

„Bis Monatsende."

Na also, alles kein Problem. So geht professionelles Arbeiten. Katzen aussperren? Pfff! Schließlich höre auch ich mir geduldig Geschichten über komplizierte, vermutlich allergisch bedingte Augenentzündungen des edlen Rosses an und leide jedes Mal mit, wenn Black Beauty mit Begleitpferd (da er alleine nicht auf dem Hänger mitfahren mag) zum Tierarzt muss. Das nenne ich eine ehrliche Kundenbeziehung.

Bürsti-Bürsti und so...

Katzenmenschen (oder sollte ich besser sagen „wir Katzenfrauen") haben die Angewohnheit über bestimmte Katzenthemen zu sprechen und zudem auch noch Verniedlichungen für alles rund um unsere Katzen zu erfinden. Nun gehöre ich beim besten Willen nicht zu den Typen, die „zum Bleistift zum Burzeltag" einen „Herzlichen Glühstrumpf" wünschen. Aber ich muss zugeben, dass sich nach meinem Outing als Crazy Cat Lady da etwas verselbständigt hat. Natürlich verwende ich mein katzenspezifisches Vokabular möglichst nur im heimischen Umfeld. Außer es überkommt mich. Aber wir sind ja hier gewissermaßen unter uns.

Meine beste Freundin hat auch zwei Katzen, genauer gesagt zwei wunderschöne Kater. Eine Heilige Birma und einen Siam-Mix. Sie sind meine beiden Patenkatzen und zuckersüß. Und natürlich sprechen wir oft über unsere Katzen. Entweder was sie gerade wieder für einen Unsinn gemacht haben, was sie gegessen oder nicht gegessen haben, welche Spiele gerade „in" sind und wie so das allgemeine Wohlbefinden ist.

Erinnerung für mich: Für Mams diese Seiten im Exemplar seines Buches einfach zukleben, wegen dem Blut aus dem Ohr und weil er bei diesen Gesprächen immer Zustände kriegt und es ihm sicherlich megapeinlich wäre das hier zu lesen.

Die langen Telefonate mit meiner Freundin drehen sich also um unsere Katzen und handeln meist von der Vernaschtheit meines Katers Pauli und meiner Sorge er könne zu dick werden. Und von der Verdauung des Birmchens meiner Freundin, die leider nicht so funktioniert wie sie sollte und die leider ob des schneeweißen Fells gelegentlich zu besonders sichtbaren Sauereien führt.

By the way: Menscheneltern reden auch über solche Dinge. Das weiß ich deshalb so genau, weil wir mal eine Nachbarin hatten, die ich öfter mal im Hausflur traf, während sie ausgiebig über das Gelb oder Grün in der Windel ihres Menschenkindes sprach.
Und fürs Protokoll: Ganz so „crazy" sind wir Crazy Cat Ladies mit diesem Thema also ganz offensichtlich nicht.

Die Verdauungssauereien des Katers meiner Freundin sind mal schlimmer und mal weniger schlimm und jüngst scheint das Problem behoben, so dass sie mir nicht mehr allzu oft erzählen muss, mit welcher Mühe sie den kleinen Racker wieder sauber machen musste. Aber früher war das an der Tagesordnung, so dass Mams sich schon zu Beginn unserer Gespräche die Ohren zuhielt. Wenn dann im Fell etwas festhing und der Kater sich geschüttelt hat und wo das Ganze dann gelandet ist, wenn er wie ein kleiner Wischmopp mit der Sauerei im Fell durch die Wohnung gesaust ist. Und wie wir uns immer geschüttelt haben, wenn wir mit ansehen mussten, wie er oder sein Katzenkumpel sich dann das Fell geputzt haben. Mit der Zunge versteht sich. *uähhhh*

Alle neugierig mitlesende Nichtkatzeneltern sollten wissen, dass es bei einer Katze wie bei jedem anderen Lebewesen, welches Verdauung hat, auch mal Verdauungsschwierigkeiten in die eine oder andere Richtung geben kann. Das ist ernst zu nehmen, die Ursachen sind vielfältig und behandlungsbedürftig. Streng genommen dürfte ich darüber gar nicht so lustig schreiben, schließlich litt der kleine Kerl sehr lange unter der Verdauungsmisere. Aber das ist nun so gut wie vorbei.

Worüber meine Freundin und ich allerdings immer noch sehr gerne reden ist „Bürsti-Bürsti" und „Staubisaugi". Unser zweit- und drittliebstes Thema. „Bürsti-Bürsti" wird in den höchsten Tönen beim Kämmen des weißen kleinen Flusenmonsters gequietscht und mit „Staubisaugi" werden beide Kater vor der anstehenden Fußbodenreinigung mit dem Staubsauger gewarnt. Denn diesen Sound mögen sie, so wie viele andere Katzen auch, gar nicht.

Hat man sich erst einmal in diesen rosaroten zuckerwatteweichen „Bürsti-Bürsti"-Slang eingegroovt, fällt es schon mal schwer beim nächsten Jobtermin nicht von „Faxi-Faxi" und „Maili-Mail" zu sprechen. In diesem Zusammenhang haben wir auch einen Spruch auf Facebook zum Schießen gefunden, in welchem die grammatikalische Schwäche eines pöbelnden Mitmenschen aufs Korn genommen wurde und der in etwa so ging:

„Sterb, Du Blödmann!"
„Das schreibt man mit „i"!"
„Sterbi?"

Da hat wohl jemand bei uns gelauscht.

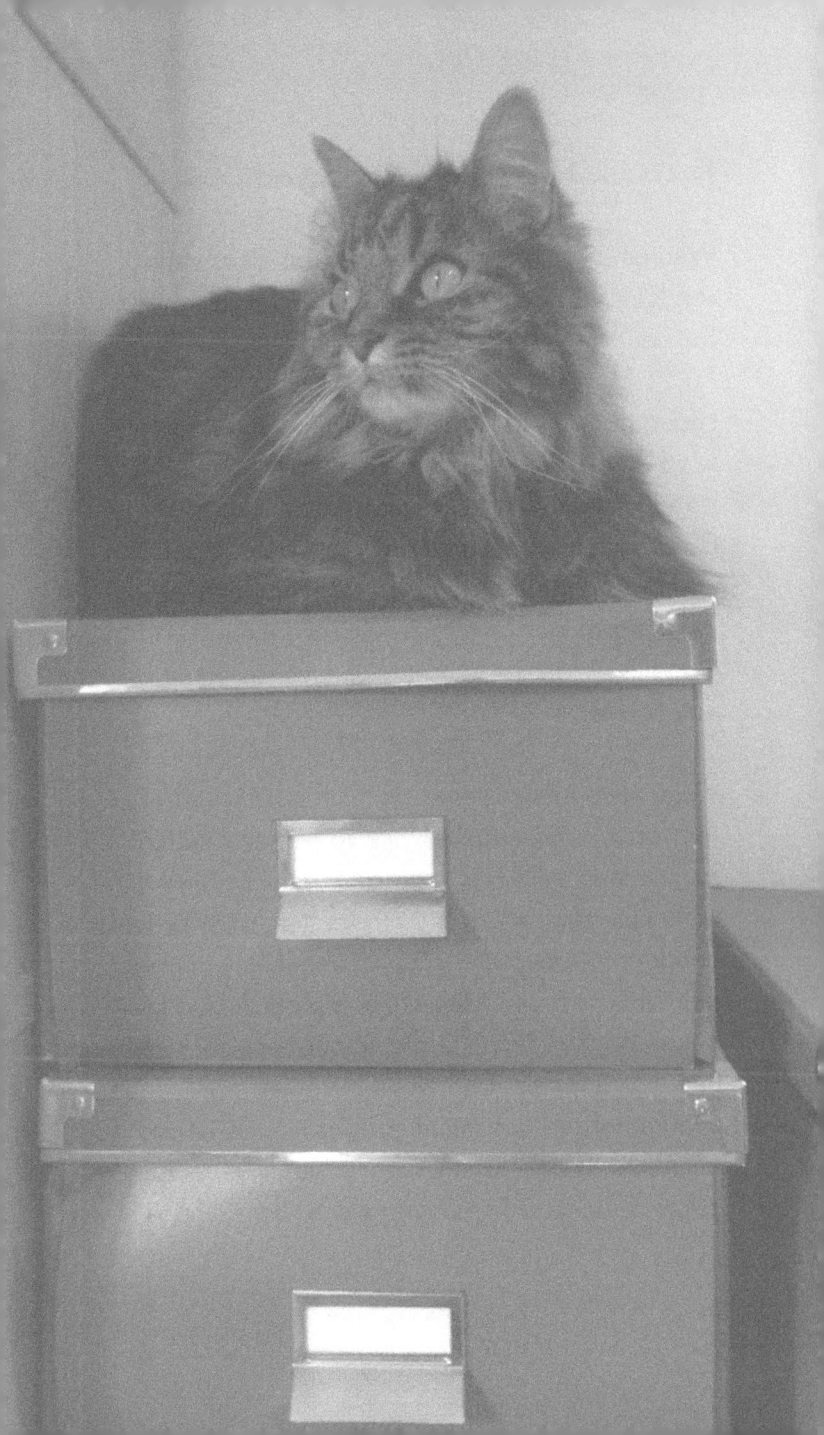

Kundschaft im Katzenbüro

Wenn man sich als Dosenöffner auf eines verlassen kann, dann auf die Unzuverlässigkeit seiner Katzen.

Hier muss ich wieder etwas für die neugierig mitlesenden Nichtkatzeneltern erklären. Miezselbstverständlich kann und sollte man Katzen erziehen. Das funktioniert, wenn man weiß wie das geht und das nötige Einfühlungsvermögen hat. Unzuverlässig ist hier demnach ironisch-schmunzelnd gemeint. Augenzwinkernde Unzuverlässigkeit ist das Stichwort.

Viele, viele Jahre konnte ich mich darauf verlassen, dass insbesondere Dolly vorerst das Weite suchte, wenn die Türklingel ging. Das hat und hatte nur selten etwas mit ernsthafter Angst zu tun. Sondern viel mehr mit einer unangenehm klingenden Türklingel und Menschen, die ob der Dolly-eigenen Püscheligkeit nie die Finger bei sich behalten konnten. Und wenn sie eines hasst, dann unaufgefordert befummelt zu werden. So ist das auch heute noch, so dass sie, schlau wie sie ist, lieber in sicherer Entfernung wartet bis sich das

"Ohhhh-wo-ist-die-Süße-denn-Getue" gelegt hat. Selbst Pauli, der im Normalfall als treu-dösiger Herzensbrecher auf jeden Schoß springt, lief bei Bürobesuch eigentlich immer nur kurz durch die Kulisse, um dann in einem der Kuschelkörbchen zu verschwinden. Bei geschäftlichen Besuchen war also Verlass darauf, dass sich die Katzenkinder unauffällig verhielten. Und dann war da der Termin mit Frau Doktor.

Kurz vorher habe ich wie üblich die Sitzgelegenheiten auf Flusen und andere mögliche Katzenspuren geprüft und sichergestellt, dass sämtliches Baldrianspielzeug frühzeitig aus dem Verkehr gezogen wurde. Baldrianspielzeug riecht ja bekanntlich wie eine Mischung aus nassem Hund und Käsefuß, so dass ich diesen Geruch sogar heute als bekennende Crazy Cat Lady bei offiziellen Besuchen vermeide.

Jedenfalls kam Frau Doktor wie immer im Kostüm mit Aktenkoffer, streng konservativ gestylt und stellte ihren Laptop mit der üblichen ernsten Miene auf unseren Meetingtisch bevor sie sich setzte. Es dauerte nicht lange bis sich Dolly und Pauli ungewohnt offensiv näherten und ihre Aktentasche entdeckten. Mir blieb ein wenig der Atem stehen.

Beide Katzen fingen an sich an dieser Aktentasche zu reiben und die Köpfe hineinzustecken. Ich
zischte sie leise an (also die Katzen, nicht die Kundin) und versuchte krampfhaft cool zu bleiben, um
die Situation in den Griff zu bekommen.

„Kaffee?"
Mit einem Fuß angelte ich nach meinen beiden
und versuchte sie wegzuschieben.

„Gern!"

*„Am besten gehen wir auf die Büroterrasse, das
Wetter ist so schön."*

Nach mehreren, vergeblichen Ablenkungsmanö-
vern, um Dolly und Pauli von der Aktentasche
wegzulocken, stand ich schließlich mit Meetingku-
chen und Kaffee bewaffnet auf der Terrasse.

Dort saß nicht nur Frau Doktor auf den von mir
zuvor stundenlang entflusten Auflagen, sondern
auch Pauli. Mitten auf Frau Doktors Kostüm stehend strecke er ihr seinen flauschigweichen Soma-
lipopo entgegen und schnurrte was das Zeug
hielt. Ich versuchte fieberhaft herauszufinden ob
ich nun die Reinigung für ihr Kostüm übernehmen

müsse und den geplanten Auftrag vergessen könne. Dabei rutschte mir der Kuchen vom Teller auf den Terrassenboden und ich, nicht die Katzen, machten eine riesige Sauerei.

Frau Doktor meinte trocken *„Lassen Sie sich ruhig Zeit, ich bin beschäftigt."* Ich holte ein Kehrblech, seufzte in mich hinein und begann kurz darauf mir von Frau Doktor erzählen zu lassen, wie das mit ihrem Hauskauf und den mitsamt Haus übernommenen Katzen war. So kann man also auch zu Katzen kommen. Das Geheimnis der interessanten Aktentasche war somit auch gelüftet. Diese wurde nämlich immer auch von ihren eigenen Katzen belagert und war damit für Dolly und Pauli olfaktorisch höchst interessant. Ein wahrer Schnuppergenuss also. Und dann gingen wir miezselbstverständlich höchstprofessionell zum geplanten Auftrag über. Frau Doktor lässt seither mit jeder E-Mail auch Dolly und Pauli grüßen.

Missverständnisse

Dosi sagt, ich soll nicht so undankbar sein. Andere Katzen

würden sich freuen, wenn sie so tolle Liegeplätze hätten wie ich. Jaja. Dabei ist es doch so, dass mein Platz „eigentlich" auf dem Bürostuhl ist und ich diesen der Dosi nur gnädigerweise und „eigentlich" auch nur tagsüber zur Nutzung überlasse. Außerdem habe ich die Dosi nicht darum gebeten mein superbeflustes Schmusekissen in meinem Bürokörbchen durch ein Neues zu ersetzen. Im letzten Sommer hatte sie bereits „extra für unseren Besuch" ein flusenfreies Handtuch auf unser Balkonsofa gelegt und sich dann gewundert, dass ich mich nicht darauf, sondern daneben abgelegt habe. Dabei war doch klar, dass das Handtuch nur dem Schutz unseres Balkonsofas galt, oder habe ich da etwas falsch verstanden? Aber so ist es nun mal: Die Geschichte der Katzenliegeplätze ist eine Geschichte voller Missverständnisse.

Ein Strand voller Kätzchen oder woran man erkennt, dass man eine Crazy Cat Lady ist

Als endlich der lang ersehnte Urlaub anstand, nutzten wir direkt den ersten Tag um an den Strand zu gehen. Hungrig auf Sonne - das kennt man ja - packten wir die von mir extra für unseren Jahresurlaub genähten XXL-Strandtücher ein und ließen uns kurz darauf auf zwei Sonnenliegen nieder. Die Strandtücher in XXL waren ein Wunsch von Mams, gepaart mit der Idee meiner Mutter noch praktische Liegenlehneumstülplaschen daran zu nähen. Mit Papageien und Blumen. Ganz ohne Katzenmotiv. Ja, so etwas gibt es auch.

Dolly und Pauli beobachteten mein kreatives Vorhaben, als ich am Tag des Kofferpackens noch mal schnell drei Strandlaken zu den besagten zwei Spezialanfertigungen mit Lasche zusammennähte. Und nach kurzem Chaos mit mehreren Garnrollen, Problemen beim Ein- und Umfädeln der Garne in die Nähmaschine, Problemen mit der Spannung des Unterfadens, Problemen mit der Spannung des Oberfadens, jeder Menge Stoffresten und zwei umhertollenden Katzen war das

Werk fertig, wurde von uns Dreien nach ausgiebiger Pfötchenkontrolle für gut befunden und rubbeldiekatz eingepackt. Sozusagen „Catproofed".
Mams rollte erst mit den Augen (immer diese Sonderlocken) staunte aber nicht schlecht als die Teile schließlich wie maßgeschneidert auf die Liegen passten. Wie praktisch.

Der Strand war himmlisch und das Meer lag in seiner azurblauen Schönheit da wie ein Spiegel.
säusel
Genau so hatte ich mir den Urlaub vorgestellt.
Meine Sehnsucht nach Dolly und Pauli hielt sich (noch) in Grenzen und ich hatte schon die ersten Fotos per MMS von meinen Eltern erhalten.

„Alles prima hier. Bestens. Erholt euch gut. Entspannt mal. Macht euch keine Sorgen."

So soll es sein. Prima, wenn man zwei Katzengroßeltern zuhause hat, welche die Katzenkinder betreuen.

Katzen. Ja das war wieder einmal mein Stichwort. Denn als ich mich gerade hingelegt hatte, kam ein wunderschöner rotgetigerter Kater und legte sich etwa zwei Meter entfernt in den Schatten. Ich blinzelte in die Sonne und wie von Geisterhand lag er plötzlich nur noch einen Meter entfernt. Noch mal blinzeln - ein halber Meter. Noch mal blinzeln *hopps* und er saß auf meiner Liege und kuschelte sich an mein Bein. Das pure Entzücken. Mams sagte fröhlich *„Schau mal, nur für Dich mein Schatz!"* Während ich da lag und Sonne samt Katze genoss, kam erst noch eine kleine Siam-Mix-Kätzin. Dann kam ein exotisch wirkender, schwarzer Kater mit unglaublich langen Beinen, muskulösem Körper und grünen Augen. Sein länglicher Kopf sah aus wie ein Abbild der Göttin Bastet und er glänze wie in Olivenöl getunkt. Was ein Prachtkerl. Wie ich so da lag kamen immer mehr Katzen. Alle wohl genährt und vor Gesundheit strotzend. Ich war geplättet, hatte ich doch in meinen Ibiza-Urlauben zuvor noch nie so viele Katzen gesehen. Wie unglaublich schön.

Ich sah rüber zu Mams der mit einer winzigen Tigerkatze spielte und mich fröhlich anlächelte, als mich plötzlich etwas piekste. Auf einmal lagen überall Schnurrhaare. Schnurrhaare? In der Menge? *pieks* *pieks-pieks*
Als ich wach wurde, erkannte ich, dass die

Schnurrhaare nichts weiter waren als abgefallene Kiefernadeln und der rote Kater „nur" Mams Bein. Schade eigentlich... =^.^=

Auf dem Weg zum Hotel, wie konnte es anders sein, begegneten wir noch der weißen Hotelkatze, die eigentlich zur Strandbar gehört wie ich mittlerweile weiß und jeder Menge Katzengraffiti. Ja genau, Katzengraffiti. Auf Ibiza ist die Erde nämlich herrlich rot und die Mauern sind herrlich weiß und die Katzen haben herrliche Graffiti-Stempel-Pfötchen, mit denen sie erst in die rote Erde stapfen und dann auf die weißen Mauern hopsen, um diese mit niedlichen Pfötchenmustern zu verzieren. Aber das fällt nur echten Crazy Cat Ladies wie mir mit großem Entzücken ins Auge.

quieeetsch

„Ohhhhhhch, schau mal Mams, überall Katzenpfötchen...und da hinten die graue Katze, wie hübsch sie doch ist!"

„Toll, Schatz."

Alles Gute kommt von oben oder wie man sich einen Algenschal mit Katze strickt

Meine Freundin wohnt einige Kilometer entfernt, weshalb wir uns nicht ständig sehen können. Aber ziemlich regelmäßig besuchen wir uns gegenseitig und verbringen ein paar schöne Tage miteinander. Nun ist es so, dass Dolly und Pauli nicht mitfahren und ich völlig katzenlos bin, wenn ich meine Freundin besuche, so dass ich mich dann an meinen beiden Patenkatzen auslassen muss. Birmchen und Siam genießen diese besondere Aufmerksamkeit, wenn wir mit Pappkartons Zugfahren spielen oder neue Spielzeuge ausprobieren. Zuletzt haben wir einen Roboterfisch als Katzenspielzeug ausprobiert. Das ist ein Spielzeug für Menschenkinder, welches sich mieznatürlich auch prima als Katzenspielzeug eignet. Man legt das Ding in eine Schale mit Wasser und los geht's. Die Katzen können dann mit viel Schwippschwapp danach angeln. Zumindest dann, wenn sie nicht vor Angst davonlaufen, so wie das Birmchen. Aber das kennt man ja als Katzenmensch. Nur weil wir Menschen ein neues Spielzeug anschleppen, heißt das noch lange, lange nicht, dass die Miezen es eines Blickes würdigen oder gar damit spielen. So weit käme es noch. Aber nun gut.

Es ist also immer sehr gesellig und vor allem auch lustig bei meiner Freundin, denn sie erlebt nicht selten unglaubliche Dinge, die sie dann ausführlich bei einem Katzenkaffeeklatsch erzählt.
Wir sitzen dann zu viert, zwei Menschen und zwei Katzen, in der gemütlichen, kleinen Küche, haben leckeren Kaffee mit duftendem Gebäck vor uns und die Miezen schnurren um uns herum. Entspannung pur. Herrlich. Mams ist manchmal auch dabei, auch wenn er dann wieder über blutige Ohren klagt.

Sehr viel Spaß haben auch die beiden Kater, wenn sie zum Beispiel meine Freundin und mich bei einem Strickprojekt unterstützen dürfen. Zugegeben, das mit dem Stricken war eine selten dämliche Idee von mir, nahm aber ein gutes Ende.

Wir hatten gerade Winter und so ergab es sich, dass zwei Crazy Cat Ladies, beim Vorweihnachtsbummel an einem hutzeligen Strickgeschäft in der Altstadt vorbeikamen und sooooo witzige Wolle im Schaufenster sahen. Die Wolle war sooooooo

witzig, dass ich dabei ganz vergaß, dass ich außer rechten Maschen gar nicht (mehr) stricken konnte und die Wolle alles andere als anfängertauglich war. Ich hatte auch völlig verdrängt, dass alle meine bisherigen Strickprojekte von meiner Großmutter oder meiner Mutter zu Ende gestrickt wurden. Und Mams war nicht dabei, um mich von der Idee mit dem Schal abzuhalten.

Die saisonbedingte, eiskalte Winterluft trug dann offenbar dazu bei, dass wir uns vor unserem geistigen Auge noch vor dem Wollekauf in wohligwarmen Schals sahen und *ding-dong* im Laden vor der Theke standen.

Alle Gerüchte, Vorstellungen und Vorurteile, die wir Crazy Cat Ladies so tapfer erdulden, kann man übrigens auch auf Wolleverkäuferinnen übertragen. Denn die Dame hinter der Theke, war so etwas wie eine „Crazy Wool Lady". Vollkommen in Strick gekleidet, ungeschminkt, mit grauem, zauseligen Haar und Nickelbrille auf der Nasenspitze. Mehr muss ich dazu wohl nicht sagen. Sie guckte uns entgeistert an, vermutlich weil wir 10 Minuten vor Feierabend in ihrem Laden auftauchten und sie in den letzten 30 Jahren nicht mehr in so enthusiastisch leuchtende Augen wie von uns beiden geguckt hat. Frau Nickelbrille dachte anscheinend wir hätten schon ordentlich Glühwein intus und konnte unsere Wolleuphorie nicht so recht deuten. Aber wer soooo witzige Wolle im Schaufenster dekoriert darf sich nicht wundern, oder?

Nach kurzer Aufklärung, dass sie gleich schließe und was wir denn überhaupt wollten, schnappten wir uns die beiden Musterschals, stellten just in diesem Moment fest, dass das Stricken vielleicht gar nicht so einfach sein würde und bombardierten sie mit Fragen, die sie souverän und für kurz vor Feierabend äußerst geduldig beantwortete.

Sie schaute etwas entsetzt, als ich ihr sagte, dass ich gar nicht „richtig" stricken könne.
Gut, das muss wohl so sein, wie wenn jemand zu mir sagt, dass er keine Katzen kennt. An Einfühlungsvermögen fehlt es mir nicht. Und die fehlenden Strickkenntnisse vermittelte die „Crazy Wool Lady" in Windeseile, zückte den Bleistift (was sonst!) um uns von Hand (natürlich!) eine Quittung auszustellen, uns zwei prall gefüllte Tüten mit daumendicken Stricknadeln und Wolle in die Hand zu

drücken und *ding-dong* freundlich aber bestimmt aus dem hutzeligen Laden hinauszuschieben. Dann schnell noch die Tür hinter uns zugesperrt, Schild auf „geschlossen" umgedreht, Rollos runter. *ratsch*

Letzteres geschah nur in meiner Phantasie, aber sie war verständlicherweise froh die beiden „Crazy Cat Ladies" in ihrem „Crazy Wool Laden" endlich los zu sein und in den wohlverdienten Feierabend zu gehen.

Zuhause in der gemütlichen Küche angekommen, stellten wir dann fest, dass sich die Wolle meiner Freundin mit integrierten Bommeln mehr als Katzenspielzeug denn zum Stricken eignete und dass auch meine algengrüne Fransen-Wolle eine echte Herausforderung war.
Bei mir scheiterte es schon am Maschenanschlagen und meine Freundin kämpfte sich tapfer mit einem Handarbeitsbuch aus den 70er Jahren durch unsere Strickanfänge. Derweil wuselten ihre zwei Kater vergnügt durch die Wolle, fingen Bommel und nagten an den langen Fransen meiner soooo witzigen Algenwolle. Stricken mit Katze ist also auch eine echte Herausforderung. Genau so

wie Geschenke einpacken mit Katze, Betten beziehen mit Katze, lesen mit Katze, nähen mit Katze...

Zu guter Letzt haben wir beide (!) Schals in Rekordzeit fertig gestrickt und der Siam saß sichtlich zufrieden in meinem Fransenschal, der etwas wie ein Berg aus angeschwemmten Algen aussah. Dem Siam fehlte eigentlich nur ein Dreizack um des Katers Aufzug als Meeresgott zu vervollständigen.

! Allen Noch-Nicht-Katzeneltern sage ich an dieser Stelle, dass es genau das ist was das Zusammenleben mit Katzen ausmacht. Das Stichwort ist nämlich: Zusammenleben! Und wer mit Katzen ernsthaft eine Beziehung eingeht und mit ihnen zusammenlebt, weiß genau diese Aktivitäten zu schätzen und nennt sie schon mal gar nicht „Störungen". Katzen sind nun mal gerne mit uns zusammen. Und ist es nicht genau das, was wir Menschen uns sehnlichst wünschen, wenn wir Katzen zu uns holen? Gesellschaft, Aufmerksamkeit, Ablenkung... und Zuneigung. Das alles bekommt man für verhältnismäßig wenig Gegenleistung auf Menschenseite von den Katzen. Einfach so.

Als wir vor einiger Zeit den Balkon meiner Freundin zu einem echten supertrupa Katzenbalkon getuned haben, gab es viel zu tun. Denn wir mussten mit Netzen und Stangen bewaffnet das Geländer absichern und dann noch sämtliche Blumentöpfe einer Katzenpflanzeninspektion unterziehen, aussortieren, neu kaufen und bestehende Pflanzen umtopfen. Die Bald-erst-Katzenhalter unter Ihnen müssen wissen, dass nicht alle Pflanzen bedenkenlos beknabbert werden dürfen, da die meisten Pflanzen leider giftig sind.

Wir hatten also einiges zu tun und landeten in der besagten gemütlichen Küche zum Katzenkaffeeklatsch, um uns von der Anstrengung zu erholen. Außerdem musste sie mir wieder eine von diesen unglaublichen Geschichten erzählen, die ihr passiert waren.

„Letztens" holte meine Freundin aus, „ist wieder etwas Urkomisches passiert. Ich war gerade mit den Jungs (so nennt sie ihre beiden Kater, wenn wir unter uns sind) am Fenster um frische Luft zu schnappen, als wir ein seltsames Geräusch hörten."

Am Fenster waren die Drei deshalb, da es ja noch keinen abgesicherten Katzenbalkon gab und weil natürlich auch Wohnungskatzen ein Anrecht auf frische Luft haben. So stand also meine Freundin vor dem geöffneten Fenster und ihre beiden Kater saßen artig auf der Fensterbank, als anscheinend Biene Maja in XXL über dem Fenster kreiste. *sssssssssssss* Es surrte und Katzen nebst Freundin lehnten sich vor, um etwas besser sehen zu können. Biene Maja summte munter weiter, als schließlich etwas leichtes, feines, fast unsichtbares von oben herunterrieselte. Der neue Nachbar von oben rasierte sich tatsächlich am weit geöffneten Fenster... seine Brusthaare. Und er hatte offenbar kein Problem damit, dass eine sprachlose Crazy Cat Lady und zwei Katzen mit weit geöffneten Augen staunend zusahen.

Eigentlich hätte meine Freundin ihm dafür eine komplette Ladung weißes Birmchenfell aus dem Staubi-Saugi verpassen müssen.

Gefährliche Geschenke oder Katzenohrringe für Halle Berry

Geschenke für Katzenfreunde bieten immer, wirklich immer einen guten Grund für katzenmotivgeprägte Einkäufe. Denn stilvolle Katzenaccessoires zu finden ist eine echte Herausforderung. Also schlägt man dann zu, wenn man etwas Neues, Interessantes oder Durchdachtes findet. Vom Geburtstagsgeschenk für die beste Freundin bis zum Mitbringsel für das Neugeborene. Ich verschenke gerne schnurrifizierte Dinge, nutze sie aber auch sehr, sehr gerne selbst - es gibt also immer Bedarf :-)

Man muss unter anderem auch deshalb bei den schönen Dingen zuschlagen, weil sonst jemand den Platz, beispielsweise der Kategorie Wandkalender, mit etwas total Abscheulichem belegt und etwas schenkt, was man dann nicht wegwerfen darf. So lagerte zum Beispiel einmal der Wandkalender einer populären aber von mir ungeliebten Katzenkünstlerin lange Zeit hinter meinem Bücherregal, für den Fall das ich mal Besuch von der Schenkenden bekommen würde. Dummerweise zog ich noch vor Ablauf des Kalenderjahres um und die Schenkende half zu allem Übel beim Umzug. Ich konnte nur um Haaresbreite verhindern, dass das sicherlich mit viel Liebe ausgesuchte Präsent im Altpapier entdeckt wurde. Ein sehr unangenehmes Erlebnis.

Ich behaupte ja gerne von mir, dass ich nicht zu viele Katzenaccessoires besitze und halte diejenigen, die ich habe, für äußerst geschmackvoll. Aber Geschmack ist ja bekanntlich Bandbreite und so kann es ganz schnell gehen, wenn man sich erst einmal als Crazy Cat Lady geoutet hat, dass man mehr Nippes geschenkt bekommt als die Ablageflächen der heimischen Umgebung hergeben. Brillenetuis mit niedlichen Kätzchen, Katzenfotowand- kalender und drollige Geschirrtücher sind da nur die Spitze des Eisbergs. Aber wie sag ich's meinem Kinde, sprich meinen Katzenfreundinnen und -freunden? Oder der lieben Verwandtschaft? Die meinen es doch allesamt nur gut und geben sich viel Mühe etwas Schnurriges auszusuchen. Ehrlich gesagt habe ich hierfür noch keine Lösung gefunden. Außer vielleicht: Dieses Buch hier...

Ähnlich war es auch, als Mams und ich mal wieder mit der besten Freundin unterwegs waren. Es war einer unserer regelmäßigen Besuche und wir waren allesamt gut gelaunt unterwegs, um gemütlich essen zu gehen, als meine Freundin plötzlich stolz ihre neuen Ohrringe präsentierte.

„Schaut mal, sind DIEEE nicht toll? Die hab' ich mir gerade erst neu gekauft."
Dabei griff sie sich ans Ohr, nahm ihre Haare zurück und schwenkte ihren Kopf bis die Ohrringe fröhlich wackelten. Ich schluckte und musste erst einmal überlegen, wie ich antworten sollte. Also ehrlich gesagt, mein Fall waren sie nicht. Bei aller Liebe zu Katzenaccessoires.

Da Mams gerne geradeaus sagt was er denkt, nahm er meine Freundin zur Seite und erklärte ihr Folgendes:

„Stell Dir mal Halle Berry vor. Die kennste doch, oder?"

Meine Freundin guckte erst etwas irritiert und sah zu mir rüber, nickte dann aber. Mams beschrieb munter weiter sein Katzenohrring-Szenario.

„Die aus James Bond, wenn sie total sexy in ihrem orangefarbenen Bikini mit Gürtel aus dem Wasser steigt."

Meine Freundin nickt wieder.
„Ja klar, eine tolle Frau, aber warum fragst Du?"

„Hast Du die schon mal mit Katzenohrringen gesehen?"

Das hat gesessen. Meine Freundin machte große Augen, verstand aber sofort was gemeint war.

Gut, nun wissen Sie es. Nicht alles in Form einer Katze oder wo eine Katze drauf abgebildet ist, ist schön, oder sinnvoll, oder praktisch, oder funktional. Und es gibt „Designs" oder „Dessins" die mich trotz meiner kätzischen Vollverwurzelung total *ähm* abstoßen. Punkt.
Mit Ausnahme meiner Katzenhalstücher (total dezent und fast nicht als Katzenmotiv identifizierbar), meiner geliebten Katzensocken (die sind echt toll, aber leider habe ich davon nur ein Paar), meines Klebefilmabrollers in Katzenform (sehr funktional und ein Highlight auf meinem Schreibtisch), meines Büroklammerhalters inklusive der Katzenbüro-

klammern (ein echter Knaller), meines Teelichthalters (ein Geschenk der besten Freundin und sehr niedlich), diversen Katzenfiguren (die habe ich als Geschenk von „Klienten" bekommen und dürfen demnach nicht weggeworfen werden), meines geliebten schwarz-weiß Katzenfotowandkalenders (jedes Jahr ein Must-have), der Katzengeschirrtücher mit Simon's Cat (Geschenk der besten Freundin und Simon's Cat geht doch immer, oder?), meines kuscheligen Balkonkatzenkissens (selbst entdeckt, selbstgekauft und sehr niedlich – außerdem liebt Dolly es, wenn sie auf der Balkoncouch sitzt), meiner Katzenluftbefeuchter (nur wegen der trockenen Büroluft und wegen der Gesundheit)des Papierkatzenmobiles (da könnte ich noch mal ein paar von basteln, ein schönes Mitbringsel), des zweiteiligen Katzenmagneten, meiner Aristocats-Spieluhr (die spielt „Katzen brauchen furchtbar viel Musik" - ein Traum), meiner Sammlung Simon's Cat-Tassen, meines Simon's Cat Kühlschrankmagnetnotizblocks, meines ultracoolen schwarzen Lineals in Katzenform (auch von der besten Freundin, süß), meiner Verkleidungs-Katzenöhrchen (selbstgekauft und die stehen mir super - man weiß schließlich nie, wann man mal verkleidet irgendwohin muss), meines pinkfarbenen Kofferanhängers in Katzenkopfform, meines stilvollen Taschenhalters (damit die Tasche nicht im Dreck liegt, während man chic essen geht), meiner Playmobil-Katzensets (die habe ich nur zur Veranschaulichung von Sondersituationen, sozusagen als Schulungsmaterial, ehrlich), meiner beiden Demo-Plüschkatzen (eine nehme ich immer in meine Seminare mit und die zweite ist nur Ersatzteil, ich schwör'), meiner fast-schon-Sammlung Sigikid-Katzen (die hatte ich eigentlich mal als Reservegeschenke gekauft und sind dann irgendwie bei mir hängen geblieben *upps*)...

Alles in allem habe ich gar nicht so viele Katzensachen... dachte ich zumindest immer.
Ich kenne allerdings auch Haushalte, in denen es fast nichts ohne Katze gibt. Dort wird man bereits am Eingang mit einem Katzentürklingelschild und Katzenfußmatte empfangen, daneben steht ein bepflanzter Blumentopf in Katzform. Auf der Türklingel stehen dann miezselbstverständlich auch die Namen der Katzen. Zum Beispiel: Hier wohnt Familie Müller mit Tippsi und Mohrle. Ich finde das immer sehr einladend und freue mich auf die schnurrifizierten Bewohner. Dann geht man weiter durch den Hausflur wo an jeder Wand Katzenfo-

tos hängen. Von den eigenen Katzen, die zum Teil schon im Katzenhimmel sind und von Katzen aus der Familie und befreundeten Katzen.

Vorbei an der Garderobe mit witzigen Katzenkopf-Bügeln und dem Schirmständer mit zwei Rosina Wachtmeister-Regenschirmen. Den ersten zum Benutzen, den zweiten zum Anschauen, weil er so niedlich ist. Das Wohnzimmer bietet als Hauptraum oft die Krönung der schnurrifizierten Dekoration. Katzenkissen auf dem Sofa, Figürchen auf dem Regal, noch mal Katzenfotos, nun aber in schönen Rahmen auf das Sideboard aufgestellt. Eine Katzenuhr mit Katzenschwänzchen-Pendel und Kuckuckskatze, die zur vollen Stunde miauend aus dem Uhrenhäuschen kommt. (Da kann man sich schon mal erschrecken... als Mensch und auch als Katze.)

Aber auch die Küche kann man sich komplett mit Katzenaccessoires einrichten. Herdabdeckplatten mit Garfield, Geschirrtücher mit Simon's Cat (die habe ja sogar ich), Tassen mit Simon's Cat (gut, die habe ich auch), Teetassen in Katzenform, Teekännchen in Katzenform, Kaffeedose mit Aristocats (huch, die habe ich auch), Tischsets mit lustigen Katzenfotos drauf, Frühstücksbrettchen mit

lustigen Katzenfotos und Sprechblasen mit zugegebenermaßen dummen Sprüchen drauf, eine Kat-
zenmotivschürze (die hatte ich mal - muss mir wohl
bei einem meiner Umzüge abhanden gekommen
sein). Meine beste Freundin hat sogar einen total
dezenten Topfdeckeloffenhalter aus Holz in Katzenform, um den ich sie seit Jahren beneide.
Schlicht und schön.

Im Prinzip gibt es einfach alles mit Katzenmotiven
drauf oder in Form einer Katze. Und ich finde
jeder darf sein Zuhause so einrichten wie er mag,
warum also nicht mit Katzendeko? Ich muss allerdings einen Fauxpax zugeben. Ich habe mal
einen abscheulichen, schrillbunten und total grau-
sigen Blumentopf im Gartencenter entdeckt. Den
gab es in leuchtend pink, orange und hellblau. Er
hatte vorne einen Katzenkopf aus Keramik und
der eigentliche Topf war in farbigem Plüsch bezo-
gen. Totaaaal hässlich, so dass ich nicht anders
konnte, als ihn zu fotografieren und dieses Foto
mit entsprechendem Kommentar bei Twitter zu
posten. Worauf sich zig Leute bei mir meldeten
und fragten, wo ich denn diesen tollen Topf bloß
gesehen hätte. Der wäre sooooo toll... Da war sie
wieder, die Bandbreite des Geschmacks.

Zu Besuch im Menschen-Zoo oder warum es gar nicht so übel ist eine Crazy Cat Lady zu sein

Es gibt Tage, an denen auch ich mich aus meinem kuscheligen, rosaroten und watteweichen Katzenzuhause hinausbewege. Man sagt uns Katzenmenschen ja nach, dass wir im Vergleich zu Hundehaltern nur ungern das Haus verlassen, kontaktscheu sind und zurückgezogen leben. Das ist natürlich vollkommener Blödsinn. Ich zum Beispiel gehe sehr gerne vor die Tür. Geschäftlich, na klar, auf Messen, Fortbildungen und zu Kunden.
Und auch privat gibt es immer einen Grund mal vor die Tür zu gehen. Urlaub, Konzerte, Shopping, mein geliebter Samstagskaffee mit Mams oder zum Beispiel unser Stadtfest, welches sich in den letzten Jahren zu einer Art Musik-Festival entwickelt hat. Mams und ich wollten dem Spektakel eigentlich aus dem Weg gehen, aber dieser „Zoo der Menschen" war einfach zu verlockend. So kam es, dass wir nach dem Einkaufen bei Limonade und Bratwurst „hängen geblieben sind" und viel länger als geplant in der City verbrachten.

Während Dolly und Pauli zuhause vermutlich
mehr oder weniger artig auf ihre Katzeneltern und
das Abendbrot warteten, führte unser Weg an
zahlreichen Marktständen vorbei.

„Tattoo to go" – das schnelle Tattoo für Zwischendurch - war mir schon in den letzten Jahren aufgefallen. Aus Marketingsicht doch so naheliegend.
Denn wann ist der beste Moment um sich in Szene
zu setzen? Wann hat man Gelegenheit seinen
Body quasi im Vorbeigehen zu pimpen? Und
wann hat man die alkoholisiert-ehrliche Meinung
seines gesamten Freundeskreises so greifbar nah?
Natürlich auf einem Stadtfest. Das ist offenbar
auch der Grund, warum man sich auf unserem
Stadtfest hinter verschlossener Zeltwand und miezselbstverständlich unter streng hygienischen Bedin-
gungen das Motiv seiner Wahl als Tattoo stechen
lassen kann.

Vielleicht ein „zeitloses" Tribal? Oder doch lieber
einen Anker? Denn der wird früher oder später
garantiert wieder modern und so lange er es nicht
ist, gilt er als cooles Außenseiter-Tattoo. Das Tattoo
ist ja schließlich für einen selbst und nicht für den-
jenigen, der es ansehen muss. Manchmal
wünschte ich mir, dass ich das auch nicht müsste
und die Tattoos meines Gegenübers an von Klei-

dung verdeckten Stellen wären.

Nichts gegen Tattoos, aber diese lebenslängliche Entscheidung nach diversen Gläsern Bier zu treffen, halte ich für keine so gute Idee und bei einer Vielzahl der Tätowierten könnte man meinen, dass diese sie sich tatsächlich auf unserem Stadtfest „zugezogen" haben. Aber nun gut, die sind ja alle schon groß.

Die Fußball-WM brachte ebenfalls Blüten der Extravaganz auf das Stadtfest. Perücken und beknackte Mützen in Deutschlandfarben trafen auf praktische Kappen mit Dosenhalterung und integriertem Strohhalm. Nicht zu vergessen die Schirmmützen mit weißen Handschuhen, die per Strippenzug klatschen.

Gänzlich unsportlich und unlustig gekleidete Damen mit kleinen Handtaschen, die sie elegant gekreuzt über der Brust trugen, hatten Haarreifen mit XXL-Deutschlandschleifen auf dem Kopf, die sogar Minnie Maus die Farbe aus dem Gesicht gedreht hätten. Diese leuchteten, LED sei Dank, sogar in der Dunkelheit.

Nicht nur schwachsinnige Katzenaccessoires sind mir ein Graus. Nein, auch Fußballaccessoires, die selbst ganz normale Menschen aussehen lassen

wie die letzten Deppen, kann ich nicht leiden.
Haarreifen mit Fähnchen auf dem Kopf und Tattoo-
Armstulpen mit Deutschlandflagge bei Personen,
die eigentlich bei der Stadtverwaltung arbeiten,
gehören verboten.

Witzig ist auch immer, wenn die Verkleidung nicht
zur Stimmung der Verkleideten passt. Wenn sozusagen die menschliche Version von Grumpy Cat
eine lustige Perücke trägt. Ja, jeder macht sich so
gut zum Deppen wie er kann. Dann doch lieber
dezente Spiegelbikinis, auch Außenspiegelüber-
zieher genannt.

Als wir uns einer Bühne näherten, hatte ich Glück.
Normalerweise sehe ich aufgrund meiner eher
kleinen Körpergröße nicht so viel. Aber die
Moden der heutigen Zeit ermöglichten mir Zwerg
den perfekten Durchblick. Ich konnte die Bühne
nämlich durch die tennisballgroßen Löcher in den
Ohrläppchen meines Vordermannes sehen. Dazu
sind die also gut.

Mams fragt mich zwischendurch: *„Du, fällt das eigentlich auf, wenn wir hier so starren wie im
Zoo?"* *„Hmmm, kann schon sein.",* aber ich bin
so zufrieden mit mir und freue mich innerlich über

meine schnurrifizierte Totalspießigkeit, dass mir das in diesem Augenblick völlig egal ist und würde mir am liebsten noch ein paar extra Pauliflocken anheften, um diesen Zustand zu betonen. Ja, heute darf ich das. Im Stillen lästern und zufrieden mit mir und meinem Crazy Cat Lady-Dasein sein. Mit meinen Segelohren und den ersten Zeichen der Hautalterung. Ich habe Katzen und keiner kann mir was. Hah!

Und so starre ich genüsslich weiter. Auf wenig Stoff, wo mehr Stoff besser wäre. Dort wo zum Beispiel die Pumphose nicht mehr pumpt. Auf Jungs in tief ausgeschnittenen T-Shirts, die stolz ihre rasierte Hühnerbrust präsentieren *uhhhhh*. Ich entdecke Elektrozigaretten bei Personen, wo rein optisch schon Hopfen und Malzpaste verloren ist und frage mich kurz, ob sie wohl denken die dampfende Chemiekeule wäre gesünder. Ach und dann sehe ich noch viele, viele Menschen, darunter auch sehr junge, die unbeschämt ihre Plauze wackeln lassen. Bauch einziehen? Fehlanzeige. Kinder, Kinder - im Schwedenhaus gibt es doch so günstige Spiegel.

Ich freue mich kurz. *„Oh der gestiefelte Kater!"*

Ach nee, doch nicht.

Nur eine Frau in sommerlich-atmungsaktiven Musketierstiefeln bis zum Knie.

Ich entdecke zahlreiche Ballerinas an Füßen, die sogar für den Holzklotschentanz eine Zumutung wären und die eher an einen Ball als an eine Tänzerin erinnern. Ball-lerina. Hmmm. Oder auch „Kugelfischfuß meets Ballettschläppchen". Die Phantasie geht mit mir durch.

Wenn Ihr Euch schon derart verunstaltet, dann nehmt doch dafür wenigstens Katzenballerinas. Die hatte ich auch mal im Internet entdeckt und konnte fast nicht widerstehen sie zu kaufen. Habe ich aber nicht, da ich eine nicht ganz so verrückte Crazy Cat Lady bin, wie es vielleicht den Eindruck macht. Und weil ich Mams habe, der mich hin und wieder von solchen Accessoires abhält.

By the way: Bedeutet Leggins eigentlich Beinchen? Das muss ich unbedingt mal googlen. Da die meisten Beine darin aussehen wie reingeschossen, kann das ja eigentlich nicht... oder etwa doch?

Ich muss an meine Tante Gretel denken, die sich immer schlapp gelacht hat, wenn sie die coolen

Skater, meine damaligen Idole, in ihren Hosen im Baggystyle gesehen hat. Sie kennen das sicherlich, das sind die Hosen, die den halben Po unbedeckt lassen um die Boxershorts darunter in Szene zu setzen. Ich glaube meine Tante sagte dabei immer so was wie: „Schau mal da! Die Hose.... huuuuuh, ich pull mir ein!" und prustete los.
Bin ich nun auch so weit? Die Pubertät war schon eine Horrorzeit.

Unser Ausflug in den Menschenzoo macht uns zu Schaulustigen und wir setzen uns bei eiskalter Limonade mitten in den Trubel an einen Tisch, um noch weitere Kuriositäten zu beobachten. Es geht tatsächlich weiter:

Büstenhalter tragen? Ach was, Freiheit für die Schwerkraft. Wenn doch ein BH ins Spiel kommt, dann bitte mindestens eine Nummer zu klein oder in einer unpassenden Farbe zum Shirt.
Die Beinbehaarung auch ruhig mal offen tragen und nur Mut zur verhornten Hacke. Alles kein Problem.
Dann sehe ich noch Hotpants, die alles andere als hot sind. Naja, Geschmack ist Bandbreite. Immer wieder.

Ich quietsche vor Freude, als ich bei einer jungen Frau eine schlichte Tasche mit Katzen drauf entdecke. Es scheint doch noch Licht am Ende des Tunnels zu geben. Aber ich freue mich ja auch, wenn die Menschen Spaß haben. Sag's, ziehe schnell die imaginäre Zugbrücke hinter uns hoch und verschwinde wieder in meinem Crazy Cat Lady-Cocoon. Puh!

Pauli auf Diät

Dosi sagt, jetzt ist wirklich Schluss mit lustig. Sie habe mich lange genug dabei beobachtet, wie sich mein Astralkörper mehr und mehr zu einer Birne entwickele. Nebenbei bemerkt, sie selbst müsse ja auch abnehmen, da könne ich ja mit ihr zusammen Diät halten...

Aha, daher weht der Wind. Der Sommer steht vor der Tür und die Bikinisaison ruft. Also erstens trage ich keinen Bikini, zweitens passt mir mein

Fell wunderbar und drittens:
wo bitteschön, soll ich etwas abnehmen? Aber selbstverständlich helfe ich
meinem Zweibeiner dabei sich besser
zu fühlen. Ich esse artig meine Mini-
portionen, verzichte auf Leckereien
und beobachte Dosi dabei wie sie von
Tag zu Tag mürrischer wird, wenn sie
von der Waage steigt.
So kann das nicht weiter gehen, ich
muss ihr dringend helfen. Jeden Abend,
wenn sie müde auf die Couch plumpst,
animiere ich sie zu toben, schleppe
Spielzeuge heran (ja das können auch
wir Katzen) und halte sie auf Trab.
Am Morgen wecke ich sie schon bevor
der Wecker klingelt und versuche auf
dem Weg zum Bad möglichst viel um
sie herum zu laufen damit sie in Be-
wegung kommt. Ich bin so dermaßen
hilfsbereit, dass sie nach nur drei
Tagen einsieht, wie vollkommen meine
zugegebenermaßen leicht birnenförmige
Figur ist. Und wie unglaublich gut
Schokolade auf der Couch schmeckt…

Katzenfeierlichkeiten

Lange Zeit habe ich nicht verstanden, wenn meine Mutter mir jedes Jahr aufs Neue mit Tränen der Rührung in den Augen zu meinem Geburtstag gratuliert hat. Mir war es regelrecht unangenehm. Gerade in der Pubertät hat mich das fast aggressiv gemacht. Es war doch „nur" mein Geburtstag. Seit Dolly und Pauli bei mir sind, kann ich es verstehen. Denn wie andere Mütter auch, liebe ich meine beiden Katzenkinder über alles. Ja, das mag jetzt etwas schwülstig klingen, aber das soll es auch, denn es ist so. Meine Katzenkinder sind mein ganz großes Glück, meine große Liebe, mein Ein und Alles, mein Leben, meine Leidenschaft... mein, mein, mein... eben meine Kinder.

Wenn jetzt die Katzenkinder Geburtstag haben, denke ich voller Liebe an den Augenblick zurück, als sie zu mir kamen, wie winzig sie waren und wie drollig sie in ihrem Babyfell umhergetapst sind, wie ich ihnen die noch so neue und aufregende Welt gezeigt habe und, und, und. Die Gefühlsduseligkeit überfällt mich immer wieder und ich muss an mich halten um nicht drauf loszuheulen.

Selbst der Geruch nach asiatischen Weichmachern von Plastikspielzeugen im Zoofachgeschäft um die Ecke kann diese Gefühle auslösen, habe ich doch zu dieser Zeit gefühlt jede freie Minute dort verbracht, um mich nach geeignetem Katzenzubehör zu erkundigen.

Dolly und Pauli haben an ihren Geburtstagen immer viele Gratulanten. Denn im realen Leben und natürlich auch im Internet bei Facebook und Twitter gibt es zahlreiche Katzenfreunde. Da verwundert es dann nicht, dass die beiden mehr Glückwünsche zum Geburtstag bekommen als ihre Katzenmutter. Und dass es dabei natürlich äußerst schnurrig zugeht. Da werden Carepakete mit Catsticks und anderen Lieblingsleckereien verschickt. Miezselbstverständlich alles einzeln, liebevoll in Katzengeschenkpapier mit kleinen bunten Katzen oder Mäusen und Käsestücken drauf, eingepackt. Feinstes Schleifenband kommt mit von Hand angefertigten Geschenkanhängern zum Einsatz und überhaupt schreit jedes Detail nach „Och Gott wie nieeeedlich". Die Texte der Gratulanten sind meist ebenfalls herrlich kreativ.
Ich sage nur: „Happy Miezday to youuu - und 'nen Thunfisch da-zuuu!" Da kommt bei Miez und

Mensch Stimmung auf.

Für uns Zweibeiner liegt meist auch noch eine Kleinigkeit bei. Sehr beliebt sind Katzenzungen aus Schokolade oder Katzenpfötchen für die Lakritzliebhaber. Aber auch allerlei Gedöns, was das verklärte Herz einer Katzenmutter oder eines Katzenvaters höher schlagen lassen würde. Wie zum Beispiel:

Katzenstifte *bing*
Katzenschlüsselanhänger *bing*
Katzennotizbüchlein *bing*
Katzentassen *bing*
Katzennackenwärmer *bing*
Katzenbücher *bing-bing*
Katzenaufkleber *bing*
Katzenhaftnotizen *bing*
Katzenlesezeichen *bing*
...
Der Kandidat hat 100 Punkte. Diesen Zähler könnte man noch ins Unendliche hochtreiben.

Selbstgebastelte, gemalte, gestempelte, mit Fotos designte, ganz zauberhafte Grußkarten werden verschickt. Ich habe sogar schon einmal Katzenduschgel (also Menschenduschgel mit Katzenmotiv) **bing** und selbst designte Katzen-T-Shirts **bing** verschenkt.

Von ebenfalls katzenverrückten Nachbarn werden kleine Überraschungen zum Geburtstag, Valentinstag, Ostern, Nikolaus, Weihnachten oder einfach nur zur Aufmunterung auf die Treppe im Hausflur gelegt.

Ein ganz besonderes Geschenk an Dolly kam von unserer ehemaligen Nachbarin. Nach unserem Auszug konnte sie sich daran erinnern, dass Dolly immer so gerne mit kleinen Tannenzapfen gespielt hatte, die auf unseren Balkon fielen. Die Freude war entsprechend groß, als die kleinen Zapfen dann in unserer neuen Wohnung auftauchten. So etwas ist unbezahlbar, oder?

Deshalb wird auch alles feinsäuberlich und ein Katzenleben lang in einer Katzengratulationsschatulle aufbewahrt. Unsere Katzengratulationsschatulle ist eine der zahlreichen Weihnachtsschmuckschachteln. Jedes Jahr zur Weihnachtsszeit schaue ich mir die liebevollen Grüße und Wünsche unserer Katzenfreunde an und erfreue mich daran.

Klingt verrückt, was? Macht nichts.

Da sind sie also wieder, die befürchteten Katzen-accessoires. Ja, man muss dabei schon aufpassen nicht über das Ziel hinauszuschießen und sollte seine Freunde gut kennen. Dabei ist es gar nicht so einfach sich auch nach Jahren noch gegenseitig mit lustigen Geschenkideen zu überraschen. Schließlich hält man bei jedem Stadtbummel die Augen nach neuen, kleinen, schnurrigen Nettigkeiten auf.

Meiner Freundin gelang es letztes Jahr an meinem Geburtstag mich mit einer Katzengrußkarte zu überraschen, die ich noch nicht kannte. Denn auf dieser wirklich weltbesten Katzenmuttergratulationskarte sind auf der Vorderseite drei singende Katzen abgebildet. Wenn man die Karte aufklappt singen sie an Stelle von „Happy Birthday" ein kätzisches „Maumau-mauu-mauu". Was habe ich gelacht. Seither steht diese Karte auf meinem Schreibtisch und ich lasse sie sehr gerne für andere Geburtstagskinder ins Telefon singen, solange die Batterien es noch hergeben.

Katzenxperten und andere Spezialisten

Wenn man sich so wie ich recht viel mit Katzen beschäftigt, kommt man natürlich auch um das Thema Weiterbildung nicht herum. Aus meinem Interesse heraus für Dolly und Pauli hilfreiche und nützliche Informationen zusammenzutragen, besuche ich zahlreiche Seminare und veröffentliche die neu gewonnen Kenntnisse dann auch auf meiner Homepage. So bleibe ich immer up to date und kann ratsuchenden Katzeneltern eine Anlaufstelle bieten, die dankbar angenommen wird. Bei der Veröffentlichung gehe ich immer sehr behutsam vor, da ich sehr gut weiß, wie furchtbar schnell etwas falsch verstanden werden kann. Und wenn die verzweifelten Katzeneltern Eines nicht gebrauchen können, dann sind es Missverständnisse. Ein Großteil der Seminare war bisher ausgesprochen lehrreich und hat viel Spaß gemacht. Aber es gab auch einige Momente in denen ich die geballte Ladung der versammelten „Katzenxperten" kaum ertragen konnte.

Die interessiert mitlesenden Nichtkatzeneltern müssen wissen, dass das Fachgebiet der Katzenpsychologie schon seit längerer Zeit ausgesprochen beliebt, gleichzeitig auch wichtig und sinnvoll ist. Denn leider gibt es viel zu oft aufgrund, nennen wir es mal „unglücklicher Umstände", ebenso unglückliche Katzen. Es lohnt also sich intensiv mit den Bedürfnissen seiner Miezen auseinanderzusetzen und alles Erdenkliche für das Wohlergehen selbiger zu tun. Neben guten Büchern sind Seminarbesuche eine gute Quelle um sich das benötigte Fachwissen anzueignen.

Aber zurück zum Thema. Die Seminare werden miezselbstverständlich von Katzenexperten gehalten, die etwas von ihrem Expertenwissen an die Teilnehmer weitergeben. Das Interessante daran ist nur, dass dort meist ebensolche Katzenexperten sitzen, so dass man in den Pausen meinen könnte, dass besagte Teilnehmer doch besser mit dem Dozenten oder der Dozentin die Plätze tauschen mögen. Da gibt es Teilnehmer, die „schon immer Katzen hatten" und für alles eine Lösung parat haben. Auf diesen Typ Mensch mit ausgeprägter Beratungsresistenz treffe ich auch gelegentlich bei meinen Hausbesuchen.

„Giftpflanzen? Ich habe keine giftigen Pflanzen."

„Die Pflanze dort vorne ist aber....!"

„Hier gibt es keine Giftpflanzen. Meine Tochter ist Floristin. Die kennt sich aus."

seufz ...und mein Schwippschwager ist Tigerdompteur, weshalb ich viel besser mit Katzen kann als Du. So!
Herrje, als wenn es darum gehen würde, wer hier mehr über Katzen oder Pflanzen weiß. Im Hintergrund reichen sich derweil diverse Giftpflanzen die Blätter und tanzen Hula.

Ich unternehme einen dritten Anlauf: *„Entschuldigen Sie bitte, aber die Pflanze dort vor..."*

„Meine Katzen knabbern nicht an Pflanzen. Niemals. Bis auf Kasimir, dem mussten wir schon zweimal den Magen auspumpen lassen. Aber das lernt der auch noch."

Und einen vierten Anlauf: *„Also diese Pflanze hier ist beisp..."* Abgeschmettert.
Vierter Anlauf: Abgeschmettert.
Letzter Versuch ohne das Wort Pflanze zu benutzen: *„Können Sie sich vorstellen, dass manchmal*

*die Aufnahme von nur einem Blatt tödlich sein
kann?"*

Die Augen meines Gegenübers weiteten sich und
es folgte ein langes Gespräch mit vielen Ohhhs
und Ahhhs und die Erkenntnis, dass man giftige
Pflanzen dann doch besser außer Reichweite der
Katzen aufstellen sollte, mit dem abschließenden
Kommentar der Floristentochter:
„Das habe ich doch gleich gesagt!"

Oh Mann, schwere Geburt.

Ähnliches und manchmal sogar deutlich Dramati-
scheres spielt sich online in den Gruppen bei
Facebook ab. Und davon gibt es sehr, sehr viele.
Gruppen für Katzenprobleme, Krankheiten, Impf-
probleme, verzweifelte Züchter, nicht zu vergessen
das „Katzenexperten Netzwerk". In letzterem sind
einige der Experten versammelt, vor denen ich so
gerne davonlaufen möchte. Und online sind sie
noch viel, viel schlimmer als auf den Seminaren.
Sie suchen ständig Hilfe, wissen in den meisten
Fällen aber doch alles besser. Ich finde es eigentlich schade, da diese Gruppen tatsächlich auch
einen Nutzen darstellen und Katzen wie Katzenel-

tern auch bei Problemen helfen könnten. Also lese ich zumindest immer dann, wenn mein Blutdruck mal wieder zu niedrig ist und ich mich aufregen möchte im Stillen mit.

„Meine Katze blutet aus allen Körperöffnungen. Nicht den ganzen Tag, aber so alle paar Minuten geht es wieder los. Ist das schlimm und weiß jemand was das sein könnte?"

„Seitdem wir unsere Minka auf fleischlose Kost umgestellt haben, schläft sie viel und ihr geht das Fell aus. Wir wollten eh eine Nacktkatze, aber ist das vielleicht ansteckend und gehen uns jetzt auch die Haare aus?"

„Unser Mohrle soll unbedingt ganz alt werden. Wir geben ihm täglich Nierentee und zerhackte Petersilie mit Knoblauch in Vitaminpaste. Es scheint ihm sehr gut zu bekommen, aber seit ein paar Tagen erbricht und zittert er. Einer ne Idee?"

Das waren nur die Fragenden. Die Antwortenden können noch anders...

„Blut aus allen Körperöffnungen? Also Du solltest

Dir schleunigst Notfalltropfen holen und diese drei bis vier Mal täglich in die Pfotis einmassieren. Wenn es nach einer Woche nicht weg ist, besser ab zum TA."

„Also ich wäre da vorsichtig. Wir haben eine Nacktkatze und meinem Mann sind auch die Haare ausgegangen! Reib' ihn doch mal mit etwas Teebaumöl ein."

„Bist Du verrückt Knoblauch und Vitaminpaste zu mixen? Davon müsste ich auch kotzen. Lass mal die Vitaminpaste weg, is' eh nur Chemiedreck drin."

Der menschliche Zoo kann einem schon mal die Sprache verschlagen. Puh!

Anmerkung für alle Baldkatzeneltern: Sie lesen hier keinen Ratgeber, das ist hoffentlich klar und Knoblauch wie auch Teebaumöl sind für Katzen giftig. Also nicht machen!!! Bei Problemen immer den Tierarzt aufsuchen und das schnell.

OO Pauli

Dosi sagt, ich könne beim Geheimdienst anfangen, denn ich würde diverse Foltermethoden aus dem Effeff beherrschen. Speckzwicken, Tritteln auf nackten Armen oder Beinen, Fellpopo ins Gesicht strecken, für Schlafentzug sorgen, um nur einige zu nennen. Dabei ist es mit dem Speckzwicken so, dass ich das nur mache, wenn Dosi sich nicht rechtzeitig zum Abendbrot vom Schreibtisch wegbewegt. Dann versuche ich sie zuerst mittels Anstarren zum Futter holen zu bewegen. Und erst wenn das nicht hilft, fange ich an auf zwei Beinen stehend und mit leicht ausgefahrener Kralle an ihr in die Hüfte zu pieksen. Fast schon zärtlich. Das mit dem Fellpopo ins Gesicht strecken ist pures Vertrauen, oder habt ihr schon mal gesehen, dass 007 so etwas macht?

Und Schlafentzug? Pfff. Nur wenn ich den Eindruck habe, dass in den nächsten Stunden Dollys und mein Futternapf leer werden könnte, erinnere ich höflich piepsend daran diesen aufzufüllen. In der Sommerzeit mache ich das nun mal so gegen 4 Uhr, schließlich bin ich seit jeher Frühaufsteher.

Hundemenschen / Katzenmenschen

Viele Menschen denken, dass Katzenmenschen keine Hunde mögen und umgekehrt. Ich für meinen Teil liebe Hunde UND Katzen und kenne noch einige andere Katzenmenschen die auch sehr hundelieb sind und zum Teil sogar mit Hund und Katze zusammenleben.

Aber wie wir alle wissen liegt in jedem Vorurteil ein klitzekleines Körnchen Wahrheit. Wenn man sich die globalgalaktischen und sehr verallgemeinerten Eigenschaften von Hunde- und Katzenmenschen und die entsprechenden Eigenschaften von Hunden und Katzen ansieht, gibt es nun mal ein paar Unterschiede.

Hunde brauchen ihr Herrchen und ein paar Herrchen brauchen unbedingt das Gefühl, dass der Hund sie braucht. Zuverlässigkeit, Gehorsam, Verlass und Partnerschaft gewürzt mit einer Prise Hundeliebe auf beiden Seiten. Dabei wird der notwendige Gehorsam gerne gemeinsam mit dem Hund „erarbeitet". Wenn ich dieses Wort nur höre „er-ar-beitet" kommen mir Szenen in den Kopf, die ich allesamt auf unseren Wiesen am

Fluss erlebt habe. Zu allem entschlossene, mit Futterbeuteln bewaffnete Hundemenschen machen sich mit Trillerpfeifen bewaffnet „an die Arbeit" und beugen sich, damit der Hund die für Menschen nahezu lautlose Hundepfeife auch wirklich hört, tief zum Schlappohr Ihres Vierbeiners herunter und pusten drauf los. Erfreulicherweise sind nicht alle Hundemenschen so.

Das notwendige Gassigehen bringt automatisch mit sich, dass Hundemenschen „vor die Tür gehen" (müssen) und man ihnen eine stärkere Kommunikationsfähigkeit nachsagt als uns Katzenhaltern. Hunde kann man einfacher mitnehmen und augenscheinlich mehr in seinen Alltag einbinden, was wie immer alles mit den individuellen Möglichkeiten zusammenhängt. Muss Herrchen noch arbeiten? Darf der Hund mit ins Büro? Oder ist er gar ein blutrünstiger Wadenbeißer (der Hund) und darf nur bei Vollmond an die Luft? Dann ist es natürlich aus mit der Geselligkeit. Grundsätzlich aber freuen sich die Hundemenschen, wenn ihr Hund zu ihnen aufsieht und tut was er tun soll.

Katzen brauchen ihre Menschen auch und ihre

Menschen brauchen ebenfalls das Gefühl, dass die Katze sie braucht. Letzteres ist etwas was wir Katzenmenschen uns sehr gerne einreden, auch wenn die Katzen häufig ganz andere Prioritäten setzen würden.

Viele Katzenmenschen behaupten sogar, dass ihre Katze traurig sei, wenn sie später von der Arbeit nach Hause kommen, in Urlaub fahren oder wenig Zeit haben. Sicherlich stimmt das auch in vielen Fällen. Dolly verabschiedet sich beispielsweise stets ausführlich und vorwurfsvoll murrend von mir, wenn ich aus dem Haus gehe.

Aber bei der Frage „Welche drei Dinge oder Lebewesen würdest Du mit auf eine einsame Insel nehmen?" würden vermutlich einige Katzen ihre Menschen zuhause lassen und Thunfischdosen, Catsticks und Badrianmaus den Vorzug geben.

Katzenmenschen sehen sich zudem als sehr tolerant ihren Katzen gegenüber und wenn man wie ich eine Crazy Cat Lady ist, dann fragt man sich sogar: Warum eigentlich das ganze Gerede? Mensch, Katze, Katze, Mensch – wir sind doch eine Familie!

Es deutet ein wenig auf eine devote Haltung hin, wenn Katzenmenschen jede Nacht aufstehen, um

Mieze zu füttern. Mit halb zugekniffenen, ange-
schwollenen Eieraugen schlappen sie in die
Küche, um der Katze ihren halb-drei-in-der-Früh-
nach-Mitternachtssnack zu servieren. Häufig wissen diese bemitleidenswerten Katzenmenschen
einfach nicht, dass sie dieses Verhalten ihren Katzen selbst antrainiert haben und machen dann
aus der Not heraus ein Katzenleben lang damit
weiter. Immer in der Hoffnung, dass es bald besser wird. Wenn der Vollmond weg ist, die Tage
wieder länger werden, die Tage wieder kürzer
werden, die Katzeneltern wieder mehr Zeit zum
Spielen haben und, und, und.

Ich kenne auch einige Katzenmenschen, die ihr
Leben völlig auf ihre Katzen ausgerichtet haben.
Nicht etwa, um ihren Katzen jeden Wunsch zu er-
füllen, sondern weil sie es für richtig halten. Und
auch weil ihnen dieses Verhalten langfristig be-
trachtet Gäste fern hält, die sie sonst willkommen
heißen müssten, obwohl es mit der Freundschaft
eh schon längst aus ist. So lassen sie lieber den
Katzen ihren Willen und amüsieren sich über die
angewiderten Blicke der Besucher, wenn Mieze
aus der Katzentoilette kommt, sich ausgiebig ab-
leckt, um anschließend einen Schluck aus einer

Kaffeetasse zu nehmen. Die miezelbstverständlich mitten auf dem Esstisch steht, während die Katzenmenschen mitsamt Besuchern an der festlich gedeckten Tafel bei Kerzenschein sitzen und Muffins und andere Köstlichkeiten verspeisen. Sie kichern innerlich, wenn Mieze nach dem Schluck aus der Tasse dann auch noch eine Runde über den Esstisch dreht, mit der langbefellten Schwanzspitze in die Schlagsahne tunkt und sich schüttelt. Schließlich sehen sie in aller Seelenruhe zu wie eine im Sonnenschein glitzernde Wolke aus Staub und Katzenhaaren l-a-n-g-s-a-m wieder zum Esstisch herabschwebt und sich auf Tellern, Zuckerdosen und Sahnetörtchen niederlässt. Aber da der nasenbetäubende Geruch von stehen gelassenem Nassfutter für die Gäste ohnehin nicht besonders appetitanregend ist, ist das nicht weiter schlimm. Um so besser, dann bleibt mehr für die Familie übrig.

Das Sofa entflusen, nachdem sich die Miezen wochenlang dort in den Bezug eingewoben haben? Warum? Die leben doch hier und die Gäste sollen spüren dass sie nur Gäste sind.

„Die Katzen LEBEN hier, hallo! Stellt euch nicht

an, es gibt doch Flusenbürsten."

„Oh, Mohrle hat in Deinem kostbaren Designer-kostüm Fäden gezogen? Das tut mir aber leid. Aber so sind Katzen nun mal."

„Unsere Ledercouch gehört auch den Katzen und sie DÜRFEN daran kratzen."

„Wie, Du hast eine Katzenhaarallergie? Dann geh doch, wenn Du keine Katzen magst. Mohrle kann Dich übrigens auch nicht leiden."

„Brauchst Du ein Pflaster? Kessi attackiert manch-mal aus dem Hinterhalt, aber nur Menschen die sie nicht mag. Sorry."

Ja, ein Katzenmenschenleben treibt manchmal selt-same Blüten.

Allen nur zur Belustigung mitlesenden Noch-Nicht-katzeneltern sei gesagt, dass es die gerade be-schriebenen Fälle zwar gibt, diese aber natürlich nicht die Regel darstellen. In meinen Hausbesu-chen treffe ich zum größten Teil auf normale und wunderbare Katzenmenschen. Aber wir waren ja

gerade beim Thema Vorurteile und Verallgemeine-
rungen und diese sind unterhaltsamer und halten
sich in den Köpfen der Menschen nun mal länger
als so langweilige "Harmonie-Eititei-alles-perfekt-
bei-uns-Geschichten".

Also merke: Katzen kratzen in der Regel nur dann
an (Leder-)couchen und anderem Mobiliar, wenn
ihnen Alternativen fehlen. Wir hatten viele Jahre
eine Ledercouch die keinerlei Kratzspuren von
Dolly und Pauli aufwies. Auch riecht es bei uns
nicht nach Futter, da wir die Reste zügig entsor-
gen. Wenn Besuch kommt, lassen wir diesen nicht
auf flusigen Katzenkissen sitzen und unsere Katzen sind sehr wohlerzogen. Sie dürfen zwar fast
alles, aber es gibt Grenzen. Schließlich wollen wir
auch, dass sich unsere Gäste bei uns wohlfühlen
und wir akzeptieren, dass nicht jeder so viel Nähe
zu Katzen haben möchte. Da aber seltsamerweise
ein Großteil unseres Freundes- und Bekanntenkrei-
ses aus Katzenmenschen besteht, kennen wir dieses Problem eigentlich gar nicht richtig, außer es
kommt Geschäftsbesuch ;-)

Als Mams und ich mal wieder zu einem Abend-
spaziergang vor die Haustüre loszogen, war es

schon spät am Abend. Da das Wetter so mild war, wollten wir noch ein wenig frische Luft schnappen und haben unser Abendbrot kurzentschlossen eingepackt, um am Flussufer in der Nähe zu picknicken und den Abend dort ausklingen zu lassen. Vorbei an den allerliebsten Hunden unserer Nachbarn, die wir immer begrüßen und ordentlich durchmuckeln, wenn wir sie sehen, zogen wir los. Die beiden sind die entspanntesten und wundervollsten Hunde, die man sich vorstellen kann. Wohlerzogen, verspielt und einfach zum Knuddeln und wir freuen uns jedes Mal, wenn wir sie über die Wiese flitzen sehen.

Es war still und man hörte nur noch vereinzelt ein paar Vögel zwitschern. Die Frösche quakten und Grillen zirpten. Doch kurz bevor wir an der Holzbank ankamen, die wir als Picknickplatz angesteuert hatten, sahen wir schon aus der Entfernung einen Mann (der stand auf dem Weg) und zwei Hunde (die spielten freudig auf der Wiese). Mams und ich freuten uns, da die Hundeschwänze ganz drollig aus der Wiese hervorwedelten und die Hunde fast gänzlich in der Wiese verschwanden. Ein niedliches Bild.

Der Mann, welcher ganz offensichtlich zu den Hunden gehörte, denn weit und breit war sonst niemand zu sehen, stand etwas unbeteiligt da. Plötzlich schossen die Hunde aus der Wiese laut bellend und knurrend auf uns zu. Mir sackte ein wenig das Herz in die Sommerhose und ich griff nach Mams Hand. Aber frohen Mutes sagten wir uns „Ach, die wollen bestimmt nur spielen!". Außerdem stand da ja noch immer das Herrchen. Leider genau so unbeteiligt wie vorher. Mit verschränkten Armen vor der Brust und debilem Grinsen im Gesicht.

Mams sah in Gedanken schon den Hund in seiner nackten Wade hängen. Bei mir spielte sich die Szene an meinem Allerwertesten ab, den ich fest zusammenkniff, nach vorne schob und dabei immer schneller lief.

„Die sehen bestimmt unsere leuchtenden Vorratsdosen und denken das sind Hunde-Frisbees" sagte ich etwas aus der Puste, um mich zu beruhigen. *„Oder die haben einfach Hunger!"*, japste Mams und zog mich schnell weiter.

Beim Hundemann vorbeikommend, drehte dieser sich mit weiterhin verschränkten Armen zu uns, grinste weiterhin sehr dämlich und die Hunde verschwanden für ein paar Sekunden im Dickicht der Wiese, um dann mit lautem Gebell eine weitere Attacke auf uns zu starten.

Knurrend und zähnefletschend waren sie uns auf den Fersen. Als wir endlich außer Reichweite waren und die Hunde von uns abließen, wurde der Hundemann plötzlich wach und nuschelte uns ein *„Tut mir leid!"* hinterher.

Ich musste mich erst einmal beruhigen und biss in meine Käsestulle. Mir hatte es ehrlich gesagt etwas die Sprache verschlagen. Das Erste was ich (typisch Katzenmensch) wieder sagen konnte war: „Typisch Hundehalter!"

Die Katzendoku

Es war mal wieder an der Zeit einen der bei
Mams und mir so beliebten Besuche bei der besten Freundin abzuhalten. Wenn wir dort sind,
schaffen wir es meist in Windeseile uns zu entspannen. Denn es gibt nichts zu tun, außer aus-
schlafen, gemütlich frühstücken und zu überlegen
ob man eventuellerweise vielleicht doch etwas un-
ternehmen möchte, während man in der kleinen
gemütlichen Küche sitzt und den Kaffee durchblub-
bern hört. Soooo schön.

Wir waren mal wieder für ein langes Wochen-
ende dort und verbrachten die Tage mit dem üblichen Programm: Frühstück, Bummeln, Kaffee,
Essen, Bummeln, Essen - gepaart mit endlosen
Gott-und-die-Welt-Gesprächen, immer darauf be-
dacht bei Mams keinen Blutsturz zu verursachen.
Die bei meiner Freundin und mir so beliebten
Bürsti-Bürsti-Gespräche verliefen deshalb weitestgehend unter vier Augen, außerdem gab es aus-
nahmsweise auch gar keine Birmchenkaterstrophen
zu erzählen. Denn „den Jungs" ging es
prächtig, so dass wir, was die Katzenthemen an-
ging, lediglich die Suche nach einem Kratzbaum

planten. Außerdem hatten wir die Idee, doch mal gemeinsam eine Katzenausstellung zu besuchen. Da kamen wir drauf, weil der Birmchenkater meiner Freundin bereits als Baby auf einer Ausstellung war und sich dort die erste schicksalhafte Begegnung zwischen ihm und meiner Freundin ereignete. Worauf die Geschichte ihren Lauf nahm und der Siam, welcher bereits schon bei meiner Freundin lebte, sich in kürzester Zeit einem weißen Wollknäuel gegenüber sah. Erfreulicherweise war es Liebe auf den ersten Blick auf allen Seiten, also auch unter den beiden Katzen. Dieser erste und bisher letzte Besuch einer Katzenausstellung liegt bei meiner Freundin deshalb aus gutem Grund in einer rosaroten Glitzerwolke aus verklärten, gänzlich schnurrifizierten Erinnerungen. Das Babybirmchen muss auch wirklich bezaubernd ausgesehen haben – ich kenne nur die Fotos.

Ich selbst habe es bisher so gut wie möglich vermieden auf Katzenausstellungen zu gehen, da meine Angst mit einem Korb voller Kätzchen nach Hause zu kommen einfach zu groß ist. Aber meine Freude war groß, als meine Freundin nach einem bibberkalten Herbstbummel in der Stadt triumphierend eine VHS-Kassette hervorzauberte.

„Da ist so eine uuur-uuuur-alte Doku über Züchter und Katzenausstellungen drauf. Habt Ihr Lust?"

Was für eine Frage. Natürlich wollten wir. Also ich. Und Mams gab sich geschlagen.
Für all diejenigen, die noch etwas jüngeren Jahrgangs sind: Eine VHS-Kassette ist so etwas wie der Vorgänger von Youtube – es geht also ums Filmegucken.

Mams und ich staunten nicht schlecht, als meine Freundin tatsächlich auch noch den dazugehörigen Videorekorder hervorkramte. Kurz darauf saßen wir bei Tee und meinen geliebten nach Zimt duftenden Franzbrötchen auf der Couch und sahen uns eine Katzen-Dokumentation aus den frühen 90ern an.
Das Birmchen und der Siam machten es sich ebenfalls bei uns gemütlich und ich war sicher bei beiden ein schelmisches Grinsen erkennen zu können und hörte sie sagen: *„So, jetzt mal aufpassen. Zweibeiner, die sich mit ihren Katzen im Fernsehen präsentieren. Das kann ja heiter werden."*

Das Video hielt was es versprach. Da waren vielleicht Gestalten dabei... so langsam verstand ich wo die ganzen Vorurteile und Geschichten von der Crazy Cat Lady ihren Ursprung haben.

Die durchaus ernst gemeinte Dokumentation zeigte eine Show, für welche sich die Züchterinnen in ein zum Fell ihrer Katze passendes Gewand hüllten, um mit diesem dann stolz wie Oskar auf die Showbühne zu treten. Bei einer Dame passte der Stoff der Verkleidung so gut zum Katzenfell, dass die Katze quasi unsichtbar wurde, während sie sich angsterfüllt mit allen zur Verfügung stehenden Krallen in den Speck ihrer Katzenmutter klammerte. Diese setzte ein verkrampft unverkrampftes Gesicht auf und hatte alle Mühe ihren Schmerz zu verbergen.

Eine andere hatte sich für ihre Ägyptische Mau in ein Kleopatra-Kostüm gezwängt und ich musste an den Comicfilm „Asterix und Kleopatra" und den Vorkoster denken. Von Eleganz keine Spur, aber durchaus mit großem Unterhaltungswert. Wir gackerten und staunten über die bunte Vielfalt des menschlichen Hobbyismus, der mit so viel Ehrgeiz und Ernsthaftigkeit betrieben wurde und dabei doch so viel Humor bewies. Also, so zumindest meine Interpretation. Denn wenn ich mir vorstelle, ich würde im hautengen Kleopatrakostüm, wie eine Knackwurst verkleidet, mit meinem ebenfalls etwas molligen Kater auf dem Arm auf eine Bühne treten, muss das doch etwas mit Humor zu tun haben.

Neben den humorvollen Aspekten gab es auch noch ein paar unschöne Doku-Momente, in denen die Katzen partout nicht dem Richter vorgestellt werden wollten, sich wanden wie die Aale und dabei herzzerreißend um Hilfe maunzten. Das ging der Bürsti-Bürsti-Fraktion natürlich durch Mark und Bein. Alles in allem überwogen in der Doku jedoch die heiteren Momente und wir hatten einen lustigen Abend, an dem Mams nicht selten lachend mit den Augen rollte. Anschließend diskutierten wir über das, was wir soeben gesehen hatten und waren uns einig: HEUTE ist das bestimmt nicht mehr so. Schließlich hat man über Katzen seitdem einiges gelernt und weiß was man besser lassen sollte. HEUTE würde man sich sicherlich nicht so albern auf der Bühne präsentieren. Und HEUTE geht man ganz sicher auch behutsamer mit seinen Katzenkindern um.

Als wir wieder zuhause waren war klar: Ich muss auf eine Katzenausstellung. Unbedingt. Es vergin-

gen nur wenige Wochen, bis sich dieser Plan er-
füllte und es wurde sogar eine Kombination aus
Hunde- und Katzenausstellung.

Wenn die Ohren zu groß sind

Meine eigenen Erfahrungen mit Züchtern und Zuchtkatzen sind genauso gegensätzlich wie meine Erfahrungen mit allen anderen Menschen auch. Es gibt nun mal Nette und weniger Nette, Kompetente und weniger Kompetente, Talentierte und Untalentierte. Welche die man gerne um sich hat und welche die man sich auf den Mond wünscht. Nicht zu vergessen die total Bekloppten, die schon von ganz allein, fern ab von dem was ich für normal halte, in irgendeinem kranken Paralleluniversum leben.

Ja, ich weiß, „normal"... was ist schon normal?

Als ich auf dem Veranstaltungsgelände der Katzenausstellung ankam, bot sich mir ein riesiger Wusel von Menschen mit ihren Hunden. Große, kleine, dicke, dünne, sportliche und extravagante Rassen wurden mit bangen Blicken irgendwohin geführt. Alle hatten es ganz offensichtlich eilig. Ich war einerseits überwältigt von der Vielfalt der Hunderassen, die man in der Konstellation natürlich nicht einfach so in der Innenstadt trifft. Gleichermaßen verschlug es mir den Atem. Die Anspannung der Herrchen und der Hunde war greifbar und ich fragte mich, warum man sich und vor allem den Hunden so etwas antut. Gedränge, Neonlicht, stickige Hitze, genervte Zweibeiner und gestresste Vierbeiner, die in ihrer Not hier und da ein paar Pfützen ließen. (Mams: Hier bitte umblättern.) Oder auch dickflüssigere Sachen. In der Luft hing der entsprechende Geruch und es wurde auch nicht besser, als ich an einem der Gassiplätze vorbeikam. Es wurde an den Leinen gezerrt, gerüpelt, gebellt, geknurrt und gerempelt, bis man schließlich im besagten Irgendwo angekommen war, um dort zu warten. Nicht schön.

Ich telefonierte mit Mams, der besorgt meinte, ich solle besser nicht in die Halle mit der Katzenausstellung weitergehen. *„Du bist da immer so empfindlich. Schau Dir das besser nicht an. Wer weiß was Du da sehen wirst."*

Recht hatte er ja. Ich bin diesbezüglich ziemlich dünnhäutig-empathisch veranlagt. Das ist wohl mein Schicksal. Aber ich war mir schon mal sicher, dass ich auf dieser Katzenausstellung zumindest keine Kleopatra in Wurstpelle sehen würde und bestand darauf meinen Besuch fortzusetzen.

Die Katzenhalle der Veranstaltung war deutlich ruhiger als die übrigen Hallen, was nicht nur die Katzennerven schonte, sondern auch meinen Puls wieder zur Ruhe kommen lies. Ich besichtigte unendlich viele Katzenrassen, staunte, ging weiter. Ich sah dabei zu, wie Kinder ihre Finger durch die Käfigstangen steckten und nur darauf zu warten schienen, dass sie ihre Hand mit einem Finger weniger zurückziehen würden. Und ich hörte mir die Gespräche ihrer unaufmerksamen Eltern an, die darüber diskutierten, warum Katzen so herrlich einfach zu halten wären und man sich fast um nichts kümmern müsse.

! Liebe Ganz-bald-Katzeneltern, Sie wissen, dies ist kein Ratgeber. Trotzdem kann ich nicht anders und muss darauf hinweisen, dass Katzen keine, ich wiederhole keine, „leicht zu haltenden" Lebensgefährten sind. Kein Tier ist „leicht zu halten", wenn man es gut mit ihm meint. Man muss nicht mit ihnen Gassigehen, aber das ist auch schon alles, was das „leicht" verspricht. Katzen sind oftmals sehr anpassungsfähig und entgegenkommend was uns Zweibeiner betrifft, so dass sich der Irrglaube hält, sie wären „leicht zu halten". Der Anspruch des Menschen sollte allerdings sein, seinen Katzen das Leben so schön und anregend wie möglich zu gestalten und nicht nur Futter und Wasser hinzustellen. Das vergessen leider viel zu viele Menschen im Zusammenleben mit ihren Katzen. Das „leicht zu halten" funktioniert, wenn überhaupt, nur zu Lasten der Katzen. Man sollte folglich sehr gut überlegen, ob man ein Katzenleben lang bereit ist tagtäglich für sie mit Herzblut und viel Liebe zu sorgen.

Ich kenne unzählige Katzenhalter, also kenne ich auch unzählige Missverständnisse, was das Zusammenleben mit Katzen betrifft und war demnach nicht weiter verwundert über das, was ich da im Vorbeigehen hörte. Ich schlenderte also weiter und fühlte mich plötzlich ganz heimelig. So kann das einem auch nur ergehen, wenn man mit einer Rassekatze zusammenlebt. Da steht man vor völlig fremden Katzen und fühlt sich wie im eigenen Wohnzimmer, nur weil man in ein paar Pauliaugen guckt. Wie schön und ein paar bekannte Züchterinnen standen gleich daneben. Das waren welche von „den Guten", die sich warmherzig um ihre Schützlinge kümmern und ein gemütliches Züchterzuhause für sich und ihre Katzen haben. Nach kurzem Plausch ging es schon wieder weiter und ich hörte wie sich um mich herum alles um Ohrstellungen, Zeichnungen und Schwanzlängen drehte. Wie im wahren Leben eben.

Ich erinnerte mich daran wie ich kürzlich in einer Facebook-Gruppe (die sind ja eigentlich immer ein Garant für gute Laune bei mir) den Post, also den Beitrag einer Züchterin las. Sie hatte ein Foto von einer unglaublich schönen Katze gepostet und dieses Bild mit „Ganz nett geworden, aber die Ohren sind altmodisch und sitzen nicht an der richtigen Stelle" kommentiert. Man muss dazu wissen, dass es bei der betreffenden Rasse deutliche Unterschiede beim Aussehen der Ohren gibt. Die „altmodische Form" und die „Moderne" unterscheiden sich durch Position und Winkel.
Bei aller Liebe – hier fängt für mich der züchterische Wahnsinn an. Die Kritik an den Rassekatzenkindern finde ich meist absolut überzogen. Zumal ich selbst auch Segelohren habe, mit denen ich dafür aber äußerst gut hören kann. Gut, dass mir meine Mutter Opa Pauls Lauscher nicht „weggezüchtet" hat.
Zwischen all den Züchterinnen und Züchtern, die mit sich selbst sehr beschäftigt waren und keinen

Raum für Gespräche zuließen, traf ich auf eine fröhliche Frau. Eine ausgesprochen fröhliche Frau. Eine Züchterin, die zwar mit ihrem Mann und ihren Katzen beschäftigt war, sich aber dennoch die Zeit für ein Pläuschchen mit mir nahm. Schwupps war ich hinter den Käfigen, im geheimnisvollen „Off" umgeben von Crazy Cat Ladies und ihrem Gefolge.

Die Käfige standen in Reihe und Glied und stellten somit eine Barriere zwischen den Züchtern (dahinter) und den Besuchern (davor) dar. Deshalb war es gar nicht so selbstverständlich, dass ich plötzlich hinter den Kulissen saß und mir alles Mögliche über Norwegische Waldkatzen anhörte. Wie lange die Dame schon züchtete, wieso, weshalb und warum sie damit angefangen hatte. Miezselbstverständlich stellte sie mir auch ihre Katzen vor, bis sie und ihr Mann etwas hektisch wurden. Ein geheimnisvoller Notizzettel wurde zu ihr gebracht. Es ging offenbar gleich los und sie musste mit ihren Katzen zum Richter. Nun hatte ich den Vorteil, dass ich ja schon die tolle Doku mit der besten Freundin auf VHS gesehen hatte und war etwas vorgewarnt, was da kommen würde. Denn die Züchterin nahm mich kurzer Hand ins Schlepptau. Ich ging zwischen Katzentransportkörbchen Nummer eins und Katzentransportkörbchen Nummer zwei, getragen von ihrem Ehemann, zur Beurteilung der beiden Kater, die ich erst kurz zuvor kennengelernt hatte.

Noch weiter hinter den Kulissen, mitten unter Katzenzüchtern, Richtern und Katzen, fühlte ich mich wie in die VHS-Doku gebeamt. Die Züchter standen brav mit ihren Katzen in der Reihe und es maunzte, fauchte und strampelte um mich herum. An Tischen mit abwischbaren Lacktischdecken saßen ernst dreinblickende Richter mit ihren Helfern, begutachteten Katzen und machten mit wichtiger Miene Notizen auf einem Formular. In der Luft hingen Schwaden von Desinfektionsmittel und ich fühlte mich ein wenig wie beim Zahnarzt.

Ich musste an diesen Dancefloor-Frontmann denken, der seinerzeit an einer Jugendsendung als Jurymitglied teilnahm, in welcher sich junge Menschen zur Schau stellten, um sich von der Jury ordentlich abseifen zu lassen. Das klang dann so: „Also für Face gebe ich Dir 7 von 10 Punkten, weil Du so ein sympathisches Lächeln hast. Aber für Body kann ich Dir nur eine 4 geben. Sorry, da musst Du noch was tun. Dein Bauch ist zu dick und Deine Beine zu kurz." sagte die Solarium-verbrannte Stimmungskanone. In den Gesichtern der Hobbymodels sah man Träume zerplatzen und in den mit Tränen gefüllten Augen Hoffnungen sterben. Gruselig und gemein.

Genauso lief das bei den Richtern mit den Katzen ab, nur dass sich diese sicherlich nie und nimmer freiwillig für diese Art von Fleischbeschau gemeldet hätten.

„Also sie hier ist etwas zu fett! Aber schönes Fell, schöööönes Fell."

in-den-Mund-greif

„Jaaaaaaaa und das Gebiss, hmhmmmm, das Gebiss. Nich-t gleichmäßig. Schauen Sie mal hier, ein ganz leichter Überbiss. Aber nun mal ein Überbiss. Tut mir leid, dafür muss ich Ihnen Punkte abziehen."

„Und der Schwanz... der Schwanz, der Schwanz... Hmmmmm."

Schwanz-langzieh
Schwanz-aufpuschel
Katze-langzieh

„Der Schwanz ist viel zu kurz. So wird das aber nichts mit dem Titel, das können Sie vergessen." mopperte die Richterin.

Der Irrsinn daran war die Tatsache, dass die Richterin nicht nur die Frisur von Oma Plüsch hatte. Nein, sie hatte auch noch einen viel zu großen, karierten Blazer an und Schneidezähne, die Austin Powers und Diether Krebs in Sketchup alle Ehre gemacht hätten. Mit ihrem Pferdegebiss par excellence wäre sie auf einer Pferdeausstellung wahrlich besser aufgehoben gewesen. Ausgerechnet diese Person kritisierte Katzenzähne. Auch wenn ich mit der betroffenen Katze nichts zu tun hatte, war ich innerlich entrüstet.

Mir kam eine kleine Gruppe Züchterinnen entgegen. Eine davon hielt sich den blutenden Arm. Alle Anwesenden wendeten den Blick zu ihr.

„Oh, was haben Sie denn gemacht? War das etwa ihre...?"

„Nein, das war nicht Penelopes Schuld. Ich habe sie nur ganz unglücklich angehoben."

Soso, das war also keine Abwehrreaktion auf diesen Richterwahnsinn, sondern nur ein unglücklicher Zufall. Verstehe.

Nachdem ein paar weitere Katzen den Richtern mal ordentlich gezeigt hatten, wie viele Krallen sie haben und was sie damit machen können, war mein Besuch in der Welt der Züchter für diesen Tag beendet. Ich ging vorbei an dem fettleibigen Richter im Karohemd mit Fliege und war froh, sehr, sehr froh, dass Dolly und Pauli keine Ausstellungskatzen sind und meine Mutterinstinkte nicht auf die Probe gestellt wurden.

Wer jetzt denkt, ich hätte etwas gegen Rassekatzen, irrt sich. Ich finde es toll, wenn sich liebevolle Züchter mit viel Hintergrundwissen um die Nachkommen ihrer Schützlinge sorgen. Wenn sie die Gesundheit und nicht die Ohrenposition in den Vordergrund stellen und wenn sie die Katzen Katze sein lassen. Aber wie schon gesagt, mit Züchtern ist es wie mit Menschen, ist es wie mit Katzen: Es gibt nun mal solche und solche.

Das perfekte Katzendinner

Als Katzenmensch weiß man sehr gut, wie man sich im Zuhause eines anderen Katzenmenschen zu bewegen hat. Schließlich kennt man alle Sorgen und Nöte aus eigener Erfahrung. Angefangen von der Angst, die Miezen könnten aus der Haustüre flitzen, über eventuell unverträgliche Fremdleckerchen, die als Gastgeschenk mitgebracht werden und deren Konsum unschöne Verdauungseffekte zur Folge hat, bis zum Umgang mit ängstlicheren Katzen, die manchmal eben ein paar Minuten länger für eine Begrüßung brauchen oder sich lieber gar nicht zeigen wollen. Man ist sehr tolerant und man bereitet sich miezselbstverständlich auf den Besuch bei Katzenfreunden entsprechend vor.

Rechtzeitig, noch bevor der Besuch ansteht, fragt man nach dem Wohlergehen und den Vorlieben der Katzenkinder, kennt also den aktuellen Geschmack und den Gesundheitsstatus und kann dementsprechend passendes Spielzeug oder Leckerchen als kleine Aufmerksamkeit mitbringen. Macht man das nicht, gibt es nun mal Punktabzug für den Besuch und im schlimmsten Fall war es der letzte seiner Art. Aber mal im Ernst: Für befreundete Veganer hat man als guter Gastgeber doch auch eine Tofuwurst im Kühlschrank und bringt umgekehrt als Gast herzlich gerne ein Glas Hagebuttenmus mit. Oder etwa nicht?

Den interessiert mitlesenden Sicher-schon-bald-Katzeneltern sei gesagt, dass das Miteinbeziehen der Katzenkinder von Katzenfreunden in jegliche Konversation unter Katzeneltern zum guten Ton gehört. Man kann einer Katzenmutter kaum eine größere Freude machen, als den Namen der Katzen zu kennen und sich nach dem Wohlergehen zu erkundigen. Wenn dann noch die speziellen, auch bei vorherrschender Futtermittelallergie verträglichen Leckerchen mitgebracht werden, ist das Eis gebrochen und man kann sicher sein einen Katzenfreund fürs Leben gewonnen zu haben. Es ähnelt dem Umgang mit Sekretärinnen, die oft zähnefletschend ihren Chef bewachen. Auch da helfen eine Schachtel mit den Lieblingspralinen zum Geburtstag, ein paar nette Worte und alles läuft wie geschmiert.

Bei unseren Freunden weiß ich, dass sie sich auch aus Sicht der Katzen standesgemäß verhalten.

Aber es gibt da so ein paar Ausnahmen, da muss man schon hinterher sein, wenn man nicht möchte dass diese Besucher den Katzen mal aus Spaß am Schwänzchen ziehen, sie unerwartet packen und zum Streicheln zwingen. Da gab es beispielsweise mal einen Freund, der es witzig fand an der Kratztonne zu wackeln, während klein Dolly darin ganz unten saß und friedlich am Futter knusperte. Nicht nett. Oder der neue Freund einer Freundin, den ich leichtsinnigerweise ohne ihn vorher persönlich zu kennen, mit zum Kaffee eingeladen hatte. Ohhh, das habe ich sehr bereut und lasse seitdem nur noch persönlich bekannte Personen in unser Katzenalcatraz. Miez-Security first!

Das Öffnen der heiligen Katzenpforte, nämlich der Wohnungstür, zeugt also schon von sehr großem Vertrauen, welches man als Gast tunlichst nicht enttäuschen sollte. Die Vorbereitung des Besuchs in der beschriebenen Art und Weise mit Spezialkatzentunnelblick funktioniert natürlich nur bei geladenen Gästen. Was aber macht man mit Menschen, die notgedrungen Zutritt zum Katzendomizil bekommen müssen? Menschen, denen es meist herzlich egal ist, ob eine Katze im Haus lebt oder eine dreibeinige Vogelspinne? Mit denen man auch nicht verwandt, verschwägert oder befreundet ist? Das ist ein spezial gelagerter Sonderfall auf den man ebenfalls gut vorbereitet sein sollte.

Wenn nämlich die Handwerker kommen...
Lieferanten kommen...
Möbelpacker kommen...

Oder die Heizungsableser...
...die Stromableser
...der Schornsteinfeger
...der Telefondienst

Letzterer kommt übrigens oft zu uns. Sehr, sehr oft. Weil...ja, weil ich ganz einfach telefonieren will und auf dem Land wohne und ich auch Internet haben will das funktioniert. Aber das ist wieder einmal eine andere Geschichte. Eine Geschichte voller Missverständnisse rund um Telekommunikationsanbieter, Überlandleitungen und Kabelsalat. Man kennt das ja.

Mams und ich haben das Glück, dass vor unserer Wohnungstür noch eine Art „Vorflur" ist. Wir nennen diesen Eingangsbereich scherzhaft

„Schleuse", wobei ganz so scherzhaft ist es nun auch wieder nicht gemeint, da wir wie die Schießhunde aufpassen, dass Dolly und Pauli nicht versehentlich nach draußen geraten. Die Schleuse ist unser Sicherheitsbereich für Besucher jeglicher Art, insbesondere für diejenigen, die notgedrungen zu uns reinkommen müssen. Ich sage nur: Telekommunikationsmitarbeiter.

Der Besucher klingelt draußen, drinnen betätigen wir die Gegensprechanlage und dann den Türöffner für die Haustür. Früher habe ich mir die Mühe gemacht, bereits an der Gegensprechanlage zu erklären, dass der jeweilige Besucher doch bitte wegen unserer Katzen erst die äußere Haustüre verschließen möchte, damit ich ihn dann durch die zweite Tür, unsere Wohnungstür, hineinlassen kann. Das hat genauso gut geklappt wie heute. Nämlich gar nicht. Seither spare ich mir diese Erklärung. Denn alle Besucher bleiben miezselbstverständlich immer, immer, immer mit dem Türknauf der Außentür in der Hand, bei sperrangelweit geöffneter Haustüre in unserer Schleuse stehen und gucken verdutzt auf die immer noch verschlossene Wohnungstür.

Und immer, immer, immer brülle ich durch die verschlossene Wohnungstüre:

„Erst - Tür - Zumachen!"

„Waaas?" ***an-der-Wohnungstür-rüttel***

„Erst - Tür - Zumachen!"

„Häääääh?" ***weiter-rüttel***

Ich klopfe an die Scheibe unserer Wohnungstür, die meist niemandem auffällt und durch dessen dunkle Scheiben ich von außen nur schwer zu sehen bin. An dieser Stelle zuckt der Besucher aufgrund meines für ihn dort plötzlich aus dem Nichts auftauchenden, an die Glasscheibe gedrückten Gesichts schreckerfüllt zusammen. Dann deute ich auf die Haustür.

„Die Haustür! Erst - Zumachen!"

„Ahhhhh!"

Die Haustüre fällt ins Schloss und „Tataaaaa": Sesam öffne dich!

So einfach ist ein Besuch bei uns.

Ja, ich weiß. Ich bin da etwas hysterisch. Soooo schnell flitzen Dolly und Pauli auch gar nicht aus dem Haus. Aber es geht da auch ein wenig ums Prinzip – ich gebe es zu. Und es amüsiert mich auch ein wenig, wenn die Besucher dann wie eingefroren stehen bleiben und auf Tür Nummer zwei schauen, die sich einfach nicht öffnen will.

Ich habe schon oft darüber nachgedacht eine Kamera im Vorflur zu installieren, da die meisten Besucher in dieser Situation (sorry) ein dermaßen dämliches Gesicht machen, dass es ein Foto oder ein Filmchen wert wäre. Besonders im Moment des horrorfilmartigen Zusammenzuckens beim Auftauchen meines Gesichts. Herrlich.
Natürlich weiß ich, dass man in „normalen" Haushalten einfach die Wohnungstüre oder Haustüre offen lassen kann. Aber hier gelten nun mal andere Regeln. Die Regeln unserer Katzenkinder, um genau zu sein.

Wenn ich so nachdenke, ist die Sache mit der Haustür wohl auch ein kleiner Tick von mir. Noch lange vor Dolly, Pauli und der Schleuse, habe ich

meinen Gästen aus Spaß immer ein fröhliches *„Das Passwort bitte!"* in die Gegensprechanlage posaunt und mich über die teilweise sehr kreativen Antworten amüsiert. Bis ich mal an einen unfreundlichen Paketzusteller geraten bin. Der hat mir den Spaß ein für allemal verdorben. Schade eigentlich.

Andere Menschen, andere Marotten

Wir Katzenmenschen haben ja nicht ganz ohne Grund mit ein paar Crazy Cat Lady-Vorurteilen zu kämpfen. Ich gebe zu, dass ich kaum einen Katzenmenschen kenne, der nicht irgendwelche lustigen Marotten hat, die auf Außenstehende äußerst merkwürdig wirken können. Zum Beispiel die Sache mit dem Geruch oder sollte ich besser sagen Duft? Katzen haben im Gegensatz zu Hunden in der Regel keinen wirklich für uns Menschen wahrnehmbaren Körpergeruch. Vielmehr nehmen sie den Geruch ihrer Umgebung auf, so dass naheliegend ist, wenn Mensch sich in seinem duften Zuhause wohl fühlt, seine Katze nach eben diesem Duft riecht und der Mensch seine Katze entsprechend lecker findet. Es gibt kaum etwas Schöneres als mit Gesicht und Nase im Fell seiner Katze abzutauchen und diese durchzumuckeln was das Zeug hält – bis das Fell zu sehr in der Nase kitzelt. Jeder kann sich glücklich schätzen, wenn sein Katzenkind diese Prozedur über sich ergehen lässt beziehungsweise diese gemeinsame Kuschelzeit sogar genießt.

Erst die Tage hatte ich mal wieder ein Telefonat mit der besten Freundin. Die mit „den Jungs", dem Siam und dem Birmchen. Mitten im Gespräch unterbrach mich meine Freundin und sagte mit verzückter Stimme:

„Oaaaach, das Birmchen duftet wieder so gut. Ich schnuppere soooo gerne an ihm und kuschele mich in sein watteweiches Wölkchenfell."

raschel *seufz*

(Mams bitte umblättern.)

„Aber vorhin hing da wieder so eine Olive... Ach, jetzt putzt er sich wieder hingebungsvoll sein Schwänzchen. Wie niedlich!"

Ja, wir Katzenmenschen neigen dazu auch die unschönen Dinge elegant zu umschreiben.
Aus brutalen Katzenkötteln werden „Oliven" oder „Nougateier", im Katzenklo wird „nach Gold geschürft" und das ausgekotzte Fell wird diskret mit „Dreadlock" umschrieben.

Außerdem riechen sehr, sehr viele Katzenhalter

gerne an den Käsepfötchen ihrer Katzen. Einige riechen tatsächlich ein wenig nach Käsefüßchen - habe ich mir sagen lassen. Es gibt nun mal nur sehr wenige Berührungsängste zwischen Katzenmenschen und ihren Katzenkindern.

Manchmal müssen diese nicht vorhandenen Berührungsängste aber dennoch wieder künstlich hervorgekramt werden. Dann nämlich, wenn zum Beispiel ein neuer Partner ins Haus gekommen ist. Ein Zweibeiner, der Katzen bis dato nur aus der Fernsehwerbung kennt und denkt, dass Katzen im Körbchen schlafen, niedliche Halsbänder tragen, auf weißsandige Toiletten gehen und mit dem puscheligen Schwänzchen auch noch die Wände weißen können. Wenn solch ein armseliger Zweibeiner ganz ohne Katzenerfahrung in einen Crazy Cat Lady-Haushalt kommt, muss man sehr behutsam vorgehen. Am besten lässt man ihn erst einmal die Sonnenseiten genießen – mit Spielen, auf der Couch kuscheln und Leckerchen geben. Ist dann das Eis gebrochen, kann man sich stufenweise an das normale Tagesgeschehen heranwagen – vom Dreadlock aufwischen, bis zur Katzentoilettenreinigung. Final wartet dann die Feuerprobe auf den geliebten Zweibeiner.

Man lege sich ins Bett und warte auf die Katze, die sich kurz darauf genüsslich an einen kuschelt. Am besten liegt sie zwischen dem Katzenmenschen und dem neuen Zweibeiner mitten in der sogenannten „Mullemausritze". So heißt das zumindest hier bei uns.

Das macht man ein paar Tage so, bis sich der neue Zweibeiner sicher fühlt und sich sogar auf den nächtlichen Katzenbesuch im Bett freut.

Dann füttert man seine Katze mit einem neuen, unbekannten Feuchtfutter, wartet ab und legt sich wieder ins Bett, um erneut auf den Katzenbesuch in der „Mullemausritze" zu warten.

Der neue Zweibeiner muss nun

a) erst einmal mitbekommen was da passiert
b) unbedingt die Nerven behalten und nicht angeekelt das Bett verlassen
c) erkennen warum denn dieses kleine Malheur passiert ist

Ja, was ist denn da nun passiert? Ganz einfach, viele Katzen haben einen empfindlichen Darm

und reagieren auf eine Futterumstellung mit, nun ja, mit „weich".

Und „weich" kann sich selbst im Fell einer tiptop gepflegten Katzendame verfangen. Da haben wir sie wieder. Die Olive im Fell.

Schon meldet sich auch die beste Freundin am Telefon wieder zu Wort:

„Du, das Birmchen isst gerade soooo gerne „Huhn in heller Soße mit Spargel". Das mag er so extrem gerne, dass er dann zu schnell frisst und alles hinunterschlingt. Bis es ihm wieder hoch kommt. Um kurz darauf weiter zu fressen. Aber er mag es nun mal so gerne..."

Das ist auch so eine typische Katzenmensch-Marotte: Am Telefon mitten im Gespräch plötzlich innezuhalten und zu schweigen, um dann plötzlich loszuquietschen:

„Neiiiin, Du glaubst es nicht was er jetzt gerade gemacht hat! So süß!"

Mit „er" ist natürlich kein Freund oder Ehemann gemeint, sondern ein Kater.

„Er hat gerade seine Spielzeugmaus im Mäulchen und guckt mich erwartungsvoll an. Ich glaube er möchte spielen. Ohhhhhch, wie niedlich. Er mag es nicht so gerne, wenn ich telefoniere, weil ich mich dann nicht um ihn kümmern kann."

Pause.

*„Och, jetzt läuft er weg, mein kleiner Schatz. Wo waren wir stehen geblieben? Ach ja....
Neiiin, kommst du wohl da runter! Du sollst doch nicht da rauf. Kschhhhhh, ksch, kschhhhhhh!
Sorry, warte mal eben..."*

klack-schepper

Während der Hörer meines Katzenmenschengegenübers unsanft zur Seite gelegt wird, habe ich Zeit schnell meine E-Mails zu prüfen, mir ein Glas Wasser einzuschenken, im Kalender nach Terminen zu schauen, zwei E-Mails zu beantworten und kurz nach meinen beiden Katzen zu sehen. Crazy Cat Ladies sind ganz offensichtlich auch multitaskingfähig.

Fellfreu(n)de

Dosi sagt, der beste Freund
des Menschen ist die Katze.
Zweifelsohne. Die beste
Freundin ist allerdings die Flusen-
bürste. Ja, ich weiß - nach dem Fellwechsel ist vor dem Fellwechsel und
natürlich bekomme auch ich es mit,
wenn ich mich wieder einmal unwider-
ruflich in den Bezug von Dosis
Schreibtischstuhl hineingeflochten
habe. Das mache ich übrigens ganzjäh-
rig und saisonal unabhängig.
Aber unser Fell hat auch Vorteile. Es
passt sich nicht nur den Jahreszeiten
an, sondern auch der Figur. Und es
sieht an uns Katzen unnachahmlich
schön aus. Ich kann nichts dafür,
dass Dosi so gerne schwarze Klamot-
ten trägt auf denen mein rostbraunes
Fell besonders gut zur Geltung kommt.
Sie kann froh sein, dass ich nicht
„weißfellig" bin.

Paradoxerweise gibt es auch Momente, an denen ein paar Katzenhaare bei ihr wahre Glücksgefühle auslösen. Kaum ist sie für ein paar Tage verreist und sitzt katzenlos im Hotelzimmer, da entdeckt sie ein einzelnes Katzenhaar auf ihrer Kleidung. Oder auch zwei, oder drei. Begleitet von einem Seufzen zupft sie die dekorativen Souvenirs aus der Heimat ab und es fällt ihr manchmal schwer nicht wenigstens ein Haar an ihrem Pullover kleben zu lassen. Na also, geht doch.

Ich bin gespannt, wann sie endlich lernt wie gut ihr rostrot steht, wann sie merkt, dass ihr Outfit erst dann komplett ist, wenn ein Stück von mir darauf klebt. Und wann ihr auffällt, dass ich mein Fell seit Jahren absichtlich in den Bezug ihres Schreibtischstuhls einwebe.

Die Geschichte der Katzentoilette - eine Geschichte voller Missverständnisse

Im Laufe der Jahre habe ich so viele Katzenmenschen kennengelernt, so dass es nicht ausbleibt, dass ich auch ein paar ihrer Marotten mitbekommen habe. Als ob ich nicht selbst schon genug davon hätte.

Es ist immer sehr interessant für mich, wenn ich in fremden Katzenhaushalten zu Besuch bin. Denn dort sehe ich Dinge, deren Sinn und Zweck sich mir auf den ersten Blick nicht erschließen, ja, die einfach nicht zusammenpassen wollen. Wie zum Beispiel die Säcke mit Katzenstreu im Hausflur einer Dame, die ich zwecks Beratung hinsichtlich ihrer Katzen besucht hatte.

Die Frau lebte mit ihrem Mann, ihrem Hund und ihren beiden Katzen in einem in die Jahre gekommenen Altbau am Stadtrand. Sie war schrecklich nett und entschuldigte sich sofort für den ganzen Kurmel der herumstand, da sie dabei waren Teile des Hauses zu sanieren. Ich machte wie üblich die Runde, stellte Fragen und versuchte wie immer mir erst einmal ein Bild von diesem Katzenhaushalt zu machen.

Die acht (!) Säcke mit Katzenstreu im Hausflur waren mir sofort beim Reingehen aufgefallen. Aber wie heißt es so schön: Man soll ja nicht immer gleich mit der Tür ins Haus fallen. Also erst einmal Gesamteindruck abwarten und Tee trinken. Nachdem sie mir alles gezeigt hatte und ich die Baukünste ihres Mannes bewundern konnte, kamen wir auf das Thema Katzentoilette und Katzenstreu zu sprechen und ich bekam Gelegenheit sie auf die acht Säcke Katzenstreu im Hausflur anzusprechen.

Noch mal zur Erinnerung: Die Dame hatte nur zwei Katzen und dann auch noch Freigänger, die meist ihr Geschäft im Freien verrichteten. Was in aller Herrgottsnamen wollte sie also mit sooo viel Katzenstreu? Darüber hinaus waren es nicht nur einfach acht Säcke Katzenstreu. Es waren acht Säcke Katzenstreu unterschiedlicher Streuart!

Für die Bald-schon-Katzeneltern ein Hinweis: Es gibt unzählige Arten von Katzenstreu und diese auch noch in verschiedenen Sorten von diversen Herstellern. Die meisten unterscheiden sich tatsächlich in ihrer Qualität, so dass man herausfinden muss, welche Streu bei welcher Katze am besten funktioniert. Unterschiedliche Arten sind zum Beispiel Klumpstreu (diese klumpt, wie der Name schon sagt) und Hygienestreu (diese klumpt nicht) und noch einige mehr. Die Anwendungsweisen der verschiedenen Katzenstreuarten unterscheiden sich. Während die eine nun mal darauf ausgelegt ist Klumpen zu bilden, damit man diese leicht entfernen kann, zielt die andere darauf ab besonders schnell Flüssigkeit und Gerüche zu binden. Kurz: Es handelt sich um zwei verschiedene Paar Schuhe.

Als ich die freundliche Dame schlussendlich auf die acht Säcke Katzenstreu im Eingangsbereich ansprach, war ich wirklich gespannt auf die Lösung dieses Rätsels.
Sie sagte, dass sie schon immer Katzen hatte und mit keiner Katzenstreu wirklich zufrieden gewesen wäre. Aber sie hatte im Laufer der Jahre festgestellt, dass die eine Streu ganz hervorragend Flüssigkeit aufnahm, die andere Sorte dafür kaum staubte, die nächste praktische Klumpen bilden würde und wieder eine andere sehr ergiebig wäre. So kam sie auf die brillante Idee aus den acht favorisierten Katzenstreusorten ihre eine ulti-

mative Streusorte zu mischen. Das nicht nur der Mischvorgang an sich, sondern auch die Nutzung dieser Streu dann auch gleich eine ultimative Sauerei ergab, muss ich an dieser Stelle wohl nicht extra erwähnen. Doch diese Tatsache schien der Dame im Eifer des Gefechts völlig entgangen zu sein. Die Klumpstreu konnte nicht klumpen und auch die anderen Streuarten waren in dem speziellen Spezialmischverhältnis nahezu wirkungslos. Als ich ihr die Sachlage erklärte, war sie erleichtert, dass sie nicht weiter die acht Streusorten bevorraten musste und nahm meinen Ratschlag an sich nach Aufbrauchen der vorhandenen Säcke auf eine einzige gute Streu festzulegen. Mein Besuch ist nun etwa anderthalb Jahre her und ich denke so langsam dürfte ihr Vorrat für die beiden Freigängerkatzen aufgebraucht sein.

Ein ganz anderes Bild bot sich mir bei einer jungen Studentin, die ebenfalls mit zwei Katzen allerdings in einer zweistöckigen Wohnung in der Innenstadt lebte. Beide Katzen waren ganz bezaubernd, es gab jede Menge Kuschelplätze und gut geeignete Kratzgelegenheiten. Da die Wohnung vormals eine WG war, hatte sie den Luxus mehrere Bäder ihr Eigen nennen zu können, die sie großzügig ihren beiden Wohnungskatzen zur Verfügung stellte. Und das hieß in ihrem Falle nicht, dass sie nur die Katzentoiletten in den Bädern unterbrachte, sondern dass die Katzen auch gelegentlich die gesamten Bäder als Katzentoilette nutzten. Überall flog Streu herum, die aus ganzen vier Katzentoiletten herausflog. Es wunderte mich ein wenig, dass sie nicht zumindest vor meinem angekündigten Besuch noch mal durchgefegt hatte, um den Anschein zu wahren, dass alles in Ordnung sei. In allen Toilettenschalen war als erste Schicht ganz unten eine dicke Lage Zeitungspapier und darauf dann eine viel zu dünne Schicht Katzenstreu. Ein schönes Beispiel für: Gut gemeint ist nicht gut gemacht.

Die Dame studierte, musste sich mit mehreren Nebenjobs über Wasser halten und hatte entsprechend wenig Zeit. Aus diesem Grund hatte sie auch die zweite Katze aufgenommen. So weit eine sehr gute Idee.
Den Tipp mit dem Zeitungspapier hatte sie von ihrem Großvater, der „schon immer Katzen hatte" und das auch „schon immer so gemacht hat". Die junge Frau nahm den Tipp des Großvaters an und dachte sie könne dadurch Zeit bei der Reinigung

und Geld für Katzenstreu sparen. Nur hat sie dadurch eine Reihe von unglücklichen Umständen provoziert.

Das Zeitungspapier verursachte knisternde Geräusche, welches zusammen mit dem Geruch nach Druckerschwärze und wer weiß was noch die Katzen ganz offensichtlich irritierte. Diese scharrten entsprechend die viel zu dünne Schicht Katzenstreu in null Komma nichts aus der Toilette und gingen dann selbstlos ein paar Mal auf das, was man ihnen als Katzentoilette verkaufen wollte. Die paar Mal Benutzung reichten dann wiederum aus, um Zeitung und Streureste in einen unschönen, stinkenden Matsch zu verwandeln. (Mams, bitte weghören!) Daraufhin orientierten sich die Katzen dann verständlicherweise anders und wichen in ihrer Not in die Badezimmerecken aus. Die junge Frau war total überfordert und weil die Sauerei immer größer wurde, dauerte die Reinigung immer länger und sie fand immer weniger Zeit und Lust die Katzentoiletten zu reinigen. Stattdessen kaufte sie noch billigere Streu, die sie ab und an auf den stinkenden Matsch kippte, bevor sie gelegentlich notgedrungen eine Totalreinigung von Bad und Katzentoiletten machte. Was für eine Misere. Auch diese Dame war sehr erleichtert, als ich ihr riet das Zeitungspapier zu entfernen und eine der bisherigen Streu ähnliche, jedoch hochwertigere Streu zu verwenden. Zwei Wochen später rief sie mich an, um mir überglücklich den neuen Toilettenstatus zu berichten. Was soll ich sagen: Beide Katzen gingen sofort artig auf ihre Katzentoiletten ohne Zeitungspapier. Die Streu verblieb weitestgehend in der Toilettenschale, so dass die junge Frau deutlich weniger Dreck zu beseitigen hatte. Die Geruchsbelästigung war gänzlich verschwunden und die junge Frau berichtete aufgeregt, dass sie ausgerechnet hätte mit der neuen Streu deutlich günstiger zu fahren. Denn diese wäre zwar teurer, aber sehr viel ergiebiger als die alten Streusorten, die sie zuvor getestet hatte. Puh, Ende gut, alles gut.

Und dann war da noch eine andere junge Frau, die sich bei mir beklagte, dass es so schwierig sei die Katzentoilette zu reinigen. Sie hatte bei ihrer Mutter ein Modell mit Haube in Benutzung, welches unter dem Waschbecken im Badezimmer stand. Da sie gelegentlich auf die Katze der Mutter aufpasste, musste sie sich auch um die Katzentoilette kümmern.

Als ich bei ihr ankam und sie mir demonstrierte was genau am Reinigungsakt so schwierig war, musste ich einen Lachanfall unterdrücken. Denn sie reinigte die Katzentoilette tatsächlich bei verschlossener Haube. Die Haube konnte sie nach eigenen Angaben nicht abnehmen, da diese unter dem Siphon klemmte.

Sie freute sich sehr über meine grandiose Katzenexpertenidee die Katzentoilette einfach ein Stück vorzuziehen und dann die Haube abzunehmen. Ich sag es ja immer: Die Geschichte der Katzentoilette ist eine Geschichte voller Missverständnisse. Dabei ist es doch eigentlich so einfach sich in die Katzentoilettenthematik hineinzuversetzen. Denn es gibt zahlreiche Parallelen zwischen Katzen- und Menschentoilette, die mir fast jedes Mal, wenn ich eine öffentliche Toilette besuche, durch den Kopf gehen.

Wenn ich auf eine öffentliche Toilette gehe, was ich möglichst vermeide, habe ich mich schon tausende Male über die Größe geärgert. Nein, ich bin nicht besonders ungelenk oder anderweitig beeinträchtigt. Ich bin auch nicht übergewichtig - also zumindest nicht sehr. Sagen wir, ich bin gut gebaut mit schweren Knochen. So wie mein Kater

Pauli, nur eben ohne Fell. Wenn ich tatsächlich übergewichtig wäre könnte ich nämlich besagte öffentliche Toiletten gar nicht benutzen.

Ist Ihnen auch schon einmal aufgefallen, dass die nach innen (also zur Toilette hin) aufklappenden Türen, in geöffnetem Zustand in vielen Fällen bis zur Toilettenbrille reichen?

Dass man sich notgedrungen neben die Toilette bis zur nebenstehenden Klobürste quetschen muss, um die Türe überhaupt schließen zu können?

Dass man in die übergroßen Toilettenpapierabroller oft bis zum Ellenbogen hineingreifen muss, um das Papier, was unter Garantie mitten drin abgerissen ist, mit schwungvollem Rollen und energischem Zupfen hervorzukramen? Bis zum Krampf verrenkt, um an den scharfkantigen Reißzähnen vorbeizukommen, ohne sich dabei die Pulsadern aufzuschlitzen.

Die Architekten, die das verbrochen haben, sind auch die Erfinder der viel zu kleinen Haubentoiletten für Katzen, deren Deckel beim Hineingehen der Katze auf deren Kopf klappt.

Ich bewege mich ja auch immer sehr behutsam auf öffentlichen Toiletten, stets bemüht möglichst wenig anfassen zu müssen. Sie kennen das sicherlich auch. Ellenbogen ausfahren und blooooß nichts mit den Händen berühren. Alternativ dazu den Jackenärmel nehmen oder die Tür an fast unerreichbarer Stelle gaaaaanz oben oder an der äußersten Seite der Klinke mit angeekelter Miene anfassen.

Mittlerweile gibt es ja auch ganz tolle „Anti-Anfass-Lösungen" für öffentliche Toiletten. Die Idee ist grandios, nur wird sie leider völlig inkonsequent eingesetzt. Man betätigt einen Anti-Anfass-Bewegungssensor für die Toilettenspülung. Das ist großartig. Einfach am Knopf mit der Hand berührungslos vorbeiwedeln und *glucks* geht es los. Das ist prima, aber ich muss ja auch wieder aus der Toilette heraus und genau da gibt es einen Fehler im System. Denn die meisten Toilettenriegel sind dummerweise so gebaut, dass man sie am besten nur mit beiden Händen, bei vollem Hautkontakt und Körpereinsatz öffnen und schließen kann. Ich hasse es. Wer denkt sich so etwas aus? Schließlich weiß man doch, dass selbst 10 Lagen Klopapier keine Abhilfe gegen die gemeinen Bakterien schaffen, die fröhlich auf Türklinken und Co. herumlungern. Igittigitt!

Aber es geht noch weiter. Wenn man sich nämlich am Ende seines Toilettengangs gründlich die Hände waschen möchte, warten weitere Hürden. Da gibt es ja die Wasserhähne mit ganz normalem Drehknauf, dann die mit Hebel und diejenigen mit der tollen berührungslosen Anti-Anfass-Sensortechnik, wie bei der Toilettenspülung. Wenn man davon ausgeht, dass auf berührungslose Klospülungen auch berührungslose Wasserhähne folgen, liegt man falsch. Denn diese sind immer dann nicht vorhanden, wenn Mensch darauf eingestellt ist und umgekehrt.

Wie oft fuchtele ich verzweifelt mit eingeseiften Händen vor den Wasserhähnen herum, um dann festzustellen, dass es Drehknäufe sind. Ganz raffiniert hat es mich auch mal getroffen, als es Gummiknöpfe zum drücken auf der Rückseite der Wasserhähne waren, die ich erst im wahrsten Sinne des Wortes auf den letzten Drücker gefunden habe. Ich hatte mich in meiner Not schon nach Papiertüchern umgesehen, um die Seife daran abzuwischen.

! Den Bald-schon-Katzeneltern habe ich hiermit ausreichend Informationen an die Hand gegeben, um gegen die sich so hartnäckig haltenden Vorurteile in punkto Katzen argumentieren zu können. Katzen stinken nicht. Katzen sind keine Protestpinkler (wie ich dieses Wort hasse). Und Katzen können nichts dafür, wenn ihre Menschen, warum auch immer, nicht in der Lage sind für saubere Verhältnisse auf ihrem stillen Örtchen zu sorgen und sich notgedrungen außerhalb der Katzentoilette orientieren. Krankheiten ausgenommen.

Diese Erfahrungsberichte sollen zeigen, dass nicht nur die Geschichte der Katzentoilette eine Geschichte voller Missverständnisse ist, sondern auch die der Menschentoilette.
Mit einem klitzekleinen bisschen Einfühlungsvermögen gelingt es ganz leicht, sich in die Toilettensituation seiner Katze hineinzuversetzen und allzu große Fehler zu vermeiden. Ganz ohne Beratung eines Katzenexperten und oftmals auch ganz ohne Lesen eines Katzenratgebers, ganz allein mit Einfühlungsvermögen und dem hoffentlich gesunden Menschenverstand. Klingt verrückt, ist aber so.

Wenn die Katze zu mir kommt

Manchmal sitze ich einfach im Lieblingskaffee-Café um einen köstlichen Cappuccino zu trinken und zu warten was passiert. Das heißt eigentlich, um zu warten, dass im übertragenden Sinne "die Katze" zu mir kommt.
Lieblingskaffee-Café übrigens deshalb, weil es da noch das Lieblingsfrühstück-Café gibt. Das eine für den atemberaubenden Kaffee, das andere für die weltbesten Stullen, Früchtemüsli und Kuchen.

Mit einem köstlichen Cappuccino, einem kleinen Glas stillen Wasser und einer Schokoladenkaffeebohne zum Abschluss, genieße ich mit Mams die Samstage. Oder ich schreibe an einem Buch, wie zum Beispiel diesem, an einem Fachartikel, einer Kolumne oder an einem Konzept. Dann brauche ich Inspiration und wie von Geisterhand treffe ich auf ehemalige Klienten, die mir Neues von ihren Katzen erzählen, werde auf mein Buch angesprochen oder komme in den Genuss Gespräche des Nachbartischs zu belauschen, in denen es miezselbstverständlich um Katzen geht. Schon verrückt, aber bei der Menge an Katzen in Deutschlands Haushalten auch nicht weiter verwunderlich.

Als ich wieder einmal bei einem Lieblingscappuccino im Schatten saß, um die traumhafte, milde Sommerluft zu genießen war es mal wieder so weit. "Die Katze" kam zu mir, diesmal in Form des Inhabers, der mich mit den Worten „Hey. Du machst doch irgendwas mit Katzen, oder?" begrüßte. „Hab ich bei Facebook gelesen."

Ja, das kann gut sein. Schließlich habe ich mich mit Erscheinen meines ersten Buchs endlich als Crazy Cat Lady geoutet. Endlich deshalb, weil es teilweise doch recht anstrengend geworden war nicht über Katzenthemen zu sprechen oder dazu etwas zu posten, peinlich genau darauf zu achten keine Fellflusen an der Kleidung zu haben, keine verdächtigen Katzenaccessoires spazieren zu führen, wie zum Beispiel meine geliebten Katzenhalstücher, an die sogar Mams sich schon gewöhnt hat. Außerdem war ich auch stets bemüht Quietscher des Entzückens zu unterdrücken, wenn ich irgendetwas Schnurriges entdeckt hatte. Außer in Gesellschaft der besten Freundin versteht sich.

Der Inhaber des Lieblingskaffee-Cafés sprach mich also auf meine Katzenaktivitäten an. Ein Freund wäre gerade bei ihm gewesen und hätte ihm von seinen zwei Katzen aus dem Tierheim erzählt. Es wäre un-glaub-lich, dass sogar das Tierheim nun schon Kontrollen machen würde. Kontrollen waren den beiden offenbar ein Dorn im Auge. Denn sie schoben diese auf die deutsche Ordnungsliebe. Das musste ich daraufhin erst einmal richtig stellen, denn diese „Kontrollen" sind ein ehrenamtliches Serviceangebot für die Katzenhalter, also aktiver Tierschutz. Es ist keine gängelnde Kontrolle, um des Kontrollierens willen, sondern ein sinnvoller und mit viel Herzblut durchgeführter Besuch zum Wohle von Mensch und Tier. Ich weiß das so gut, weil ich selbst solche Nachbesuche mache und auch weiß wie dringend das häufig notwendig ist, um Probleme wie zum Beispiel die Katzentoilettenthematik im Katzenhaushalt zu vermeiden.

Ich erklärte weiter, dass es zudem durchaus sein könne, dass ich seine Freunde bald zu einer Kontrolle besuchen würde. Als er den Namen sagte, war klar, dass ich das nicht mehr müsste. Denn ich kam tatsächlich gerade von besagtem Freund und hatte den Kontrollbesuch schon hinter mir. Die Welt ist klein.

Besagte Nachbesuche werden gerne mit Kontrollen des Jugendamts verglichen. In der Regel sind jedoch die Katzeneltern sehr dankbar für Tipps und Ratschläge, um ihren Katzen ein angenehmes Zuhause zu bescheren. Und mir macht diese Aufgabe sehr viel Spaß, da ich so Unmengen Katzen mit ihren Menschen kennenlerne und vermeiden kann, dass Katzen aufgrund von unglücklichen Umständen wieder im Tierheim landen. Das war also, noch während meines ersten Cappuccinos, „Katze Nr. 1".

Ich bemerkte, dass unser Gespräch vom Nachbartisch interessiert mitverfolgt wurde. Denn man brach die eigenen Gespräche ab, um anschließend über die eigenen Katzen und die von Freunden und den Kindern zu sprechen. Dass die Tochter kürzlich des Nachts ganz aufgeregt angerufen hatte, weil sich eine ihrer Katzen so seltsam verhielt. Dass die Tochter dann nochmals anrief, weil die Katze ein Baby zur Welt gebracht hatte. Und dass die Tochter dann im Halbstundenrhythmus anrief, um über die Geburten weiterer Kitten zu berichten. Die beiden Damen am Nachbartisch hörten sogar nach zwei weiteren Cappuccini (ja, so sagt man das hier ganz korrekt) nicht auf über

Katzen zu sprechen. Das war „Katze Nr. 2".

Als das Handy des Inhabers miaute, sagte die Bedienung: *„Sie sind die mit dem Buch, nicht? Der Klingelton vom Chef ist toll. Aber wir hatten mal eine Kundin, die hörte das Handy klingeln während es im Rucksack war und dachte dort wäre eine Katze drin."* Und schon folgte ein weiteres Katzengespräch über die Katze, die leider bereits verstorben ist. Aber den Klingelton, den gibt es noch immer. Schön zu erleben wie viele Schnurrifizierte es gibt. „Katze Nr. 3".

„Katze Nr. 4" begegnete mir schließlich auf dem Heimweg in Form eines prall gespannten T-Shirts. Eine junge Frau trug stolz das Konterfei einer Katze mit Brille und dem Text "I am watching you" auf den Bauch gespannt. Ja, dachte ich mir, und „I am watching you".

Fitnessparcours

Dosi sagt, irgendwann brechen
wir uns noch mal beide den Hals.
Dabei meine ich es doch nur gut
mit ihr. Sie ist schließlich ein bemitlei-
denswerter Zweibeiner, im Vergleich
zu uns Katzen ungelenk und dann auch
noch ohne Fell. Die Arme.
Wir Katzen sind problemlos in der Lage
eine Vielzahl von Bewegungen elegant
und geschickt zu vollführen. Zum Beispiel das Treppelaufen. Kopfüber in
einem Affenzahn flitzen wir die Trep-
pen hinunter und mit Raketenschub
auch wieder hinauf. Dosi hingegen geht
l-a-n-g-s-a-a-m Stufe für Stufe. Es
ist doch klar, dass ich mit ihr üben
muss, oder?

Ich habe damit angefangen ihren
Gleichgewichtssinn zu trainieren.
Immer wenn sie den ersten Schritt
auf die Treppe getan hat, habe ich sie

links überholt, um dann direkt vor ihr wieder auf die rechte Seite zu wechseln. Das hat sie recht schnell begriffen und ist fortan nach dem ersten Schritt auf der Treppe stehen geblieben, um mich überholen zu lassen. Sehr gut. Als nächstes habe ich mich ihrem Rhythmus angepasst. Also erst überholen, Seitenwechsel, stehen bleiben und wenn sie fast gefallen ist, dann wieder weiter. Ich freue mich, dass Dosi so viel Spaß dabei hat wie ich. Und ehrgeizig ist sie noch dazu. Manchmal nimmt sie sogar zwei bis zum Rand gefüllte Kaffeetassen mit auf die Treppe, ein Wasserglas mit Flasche unter dem Arm oder ein extra rutschiges Tablett mit Getränken UND Kuchen.

Naja, ich glaube sie wird wohl nie so elegant Treppelaufen wie ich, aber für einen Menschen macht sie das schon gar nicht so schlecht.

Der ganz normale Katzenwahnsinn

Na, habe ich zu viel versprochen? Das Zusammenleben mit Katzen, der Kontakt zu Katzenmenschen und das Thema Katze an sich, bieten einen bunten Blumenstrauß an Kuriositäten. Erfreuen Sie sich daran!

Auf den letzten Seiten finden Sie im Kapitel Gut zu wissen noch ein paar Informationen zu den angesprochenen Themen.

Ich hoffe, dass sich alle „Crazy Cat Ladies" und „Crazy Cat Men" hier und da im Buch wiedergefunden haben. Und dass die Katzenneulinge unter Ihnen nun gute Argumente haben, um auf alle irrsinnigen Behauptungen und Vorurteile souverän antworten zu können. Denn eines ist sicher: Wir „Schnurrifizierten" sind nicht allein und wie so oft im Leben gilt: **Humor ist, wenn man trotzdem lacht. Oder schnurrt. Oder am besten beides!**

In diesem Sinne, fröhliches Schnurren wünschen Dosi Sabine mit Dolly & Pauli =^.^=

„My Catmosphere"-Lesekulisse

Wenn ich ein Buch lese, habe ich gerne eine ganz besondere Leseatmosphäre. Musik lenkt mich dummerweise ab und Stille kann ich nicht ausstehen.
So ist die Idee zu den „My Catmosphere-Sounds" entstanden: Natürliche Geräuschkulissen, die nicht ablenken und die dafür eine angenehme Wohlfühlatmosphäre erzeugen.
Ich nutze sie zum Lesen, bei der Arbeit, aber auch unterwegs, wenn Dolly und Pauli gerade nicht bei mir sein können.

Für ein genussvolles Abtauchen in Dollys und Paulis Welt, können Sie sich über die folgende Internetseite Ihre gratis „My Catmosphere-Lesekulisse" als mp3-Datei herunterladen. Erleben Sie mit, wie ich mit Dolly und Pauli an diesem Buch schreibe. Viel Spaß beim Lauschen, Lesen und Entspannen :-)

Jetzt mp3-Datei gratis downloaden unter:
schnurrifiziert.my-catmosphere.de

schnurrifiziert.my-catmosphere.de

Gut zu wissen

Katzen in Deutschland
Nach neuesten Erkenntnissen gibt es 11,5 Millionen Katzen in 19 % der deutschen Haushalte.
(Quelle: IVH/ZZF „Der deutsche Heimtiermarkt 2013")

Haarballen und Erbrechen
Katzen verschlucken beim Putzen ausgefallene Haare, die im Magen zu Haarballen verfilzen. Entweder knabbern die Katzen an Gras und fördern die Haare durch Erbrechen wieder zu Tage, oder man gibt ihnen Nahrungsergänzungsmittel, wie zum Beispiel Malzpaste, um die Ausscheidung der Haarballen über den Kot zu fördern. Bei Katzengras sollte man auf weiche Sorten setzen, da diese besser bekömmlich sind. Zu harte Gräser können sich im Rachenraum verfangen oder zu mechanischen Verletzungen im Inneren der Katze führen. Alles was man seinen Katzenkindern zum Knabbern anbietet, muss ungiftig und auch unbehandelt (ungespritzt) sein. Ausführliche Informationen hierzu gibt es in meinem Buch „Katzenpflanzen - geeignete Pflanzen finden, Giftpflanzen erkennen, Vergiftungen vermeiden"
Infos unter: www.katzenpflanzen.de

Katzenerziehung und Zuverlässigkeit

Katzen kann man erziehen und nicht nur das, man kann ihnen sogar Kunststücke beibringen. Man braucht dazu nichts weiter als Geduld, Zeit und nochmal Geduld.

Es gibt viele nützliche Dinge, die man seinem Katzenkind möglichst früh antrainieren kann und sollte. Angefangen bei der Gefahrenvorbeugung im Katzenzuhause (was darf sie, was darf sie nicht), die Nutzung der Kratzmöbel, über die Fellpflege (Bürsti-Bürsti), Kontrolle der Zähne und der Ohren, die Benutzung des Transportkörbchens bis hin zum Transport mit dem Auto.

Das alles funktioniert über positive Verstärkung, also das Loben erwünschter Dinge und das konsequente (!) Ignorieren unerwünschter Dinge. Dazu gibt es tolle Bücher mit Tipps und Anleitungen, zum Beispiel auch für Clickertraining.

Unsauberkeit

Damit ist umgangssprachlich die Nichtbenutzung der Katzentoilette gemeint, denn es kann vorkommen, dass die Katze ihren Toilettengang nicht am geplanten stillen Örtchen verrichtet. Ganz entgegen den sich hartnäckig haltenden Gerüchten hat dies nichts mit Boshaftigkeit oder Protestpinkeln der Katze zu tun. Viel mehr gilt es schleunigst herauszufinden, ob die Katze gesundheitliche Probleme hat (Tierarztbesuch) oder ob etwas anderes in ihrem Umfeld nicht in Ordnung ist. Denn je länger die Katze ihre Katzentoilette nicht benutzt, desto schwieriger wird es den Grund dafür herauszufinden und ihr die Benutzung wieder anzugewöhnen. Tritt Unsauberkeit regelmäßig auf, besteht Handlungsbedarf.

Mögliche Ursachen für Unsauberkeit:
- gesundheitliche Beschwerden, zum Beispiel eine Blasenentzündung
- andere gesundheitliche Probleme
- Stress, zum Beispiel durch einen Umzug oder eine neue Mitkatze
- mangelnde Sauberkeit: die Katzentoilette wird nicht oft genug (täglich) gereinigt und stinkt
- grobkörnige Katzenstreu: die Katze ist größer und schwerer geworden und spürt nun schmerzhaft die Spitzen der groben Streu
- die Katzentoilette ist zu klein geworden: die Katze ist zu groß für die Katzentoilette geworden und hat nun zu wenig Platz
- das Katzenklo steht an einem zu unruhigen Ort: spielende Kinder, andere Heimtiere oder Geräusche stören

- die Katze ist auf der Toilette negativ überrascht worden (z.B. durch eine schleudernde Waschmaschine oder einen Schlag vor das Katzenklo)
- die Katze wird daran gehindert die Toilette zu benutzen (z.B. durch andere Katzen im Katzenhaushalt oder beängstigende Gegenstände)
- die Katze fühlt sich unsicher oder bedroht und sieht sich gezwungen ihr Revier zu markieren
- die Katze ist alt geworden und benötigt mehr Komfort (z.B. zusätzliches Katzenklo, ebenerdiger Zugang oder mehr Platz)
- die Katzentoilette steht neben dem Futter
- die Katze muss ihre Katzentoilette mit anderen Katzen teilen und mag das nicht
- die Katze wurde im Katzenklo bedrängt oder gestört (zum Beispiel durch den Besitzer oder andere Tiere)
- fremde Katzen dringen unbemerkt durch die Katzenklappe in die Wohnung ein und Ihre Katze muss ihr Revier verteidigen, sie fühlt sich nicht mehr sicher

Katzentoilette

Weil es ein so häufiges und wichtiges Thema ist, im Folgenden die häufigsten Fehler rund um die Katzentoilette:

Zu wenige Katzentoiletten: Manche Katzen brauchen eine zweite Toilette, um ihre Hinterlassenschaften getrennt voneinander verrichten zu können. Aber auch im Mehrkatzenhaushalt oder in größeren Haushalten mit mehreren Etagen, sollten zusätzliche Toiletten aufgestellt werden.

Katzentoilette zu klein: Katzen drehen sich ein paar Mal, bis sie die richtige Position in der Toilette gefunden haben, um ihr Geschäft zu verrichten. Dazu brauchen sie genügend Platz und dementsprechend eine ausreichend große Katzentoilette.

Katzentoilette mit Haube und Klappe: Manche Katzen mögen beim Toilettengang weder eine Klappe am Eingang, noch eine Haube über dem Kopf. Das Abnehmen von Klappe und/oder Haube kann bereits eine Lösung für die Unsauberkeit sein.

Unpassende Katzenstreu: Auch nach langer Benutzung der gewohnten Streu kann es vorkommen, dass die Katze die Streu plötzlich als unangenehm an den Pfoten empfindet. Hier kann eine feinere, klumpende Streu die richtige Alternative sein.

Starke Gerüche, also auch Duftstoffe in der Streu, können der Katze den Besuch ihrer Katzentoilette ebenfalls verleiden. In diesem Fall ist es besser unbeduftete Streus zu verwenden

Abrupte Änderung der Katzenstreu: Ein Streuwechsel sollte immer schrittweise erfolgen, damit sich die Katze langsam an die neue Streu gewöhnen kann.

Ungeeigneter Aufstellort der Katzentoilette: Die Katzentoilette sollte an einem ruhigen und gut zugänglichen Ort stehen. Den Aufstellort zu verändern, kann ebenfalls zu Irritationen führen.

Wichtig: Rund um die Katzentoilette sollten Sie immer für Ruhe und Sicherheit Ihrer Katze sorgen. Es ist kein guter Ort um ihr „aufzulauern" und sie dann in ihren Transportkorb zu stecken oder ihr Medikamente zu verabreichen.

Abgabealter von Katzenkindern

Katzenkinder sollten so lange wie möglich bei ihrer Mutter und ihren Geschwistern bleiben, denn dort lernen sie viele Dinge, die sie im späteren Leben brauchen, um mit Menschen, anderen Kat-

zen und neuen Situationen klarzukommen. Katzen-
mütter können ihre Kinder miezselbstverständ- lich
viel besser erziehen als Menschen, da wir aufgrund unserer Größe leicht bedrohlich wirken können. Hat man aus der Not heraus ein Katzenkind
unter 12 Wochen bei sich aufgenommen, sollte
man sich gründlich darüber informieren, welche
Maßnahmen nun am besten sind, um das Katzenkind zu erziehen. Auch dazu gibt es hilfreiche Lektüre.

Facebook und Twitter

Facebook und Twitter dürften fast allen Leserinnen
und Lesern dieses Buchs bekannt sein. Der Voll-
ständigkeit halber, hierzu eine kurze Erklärung.
Beides sind Internet-Netzwerke, die dazu dienen
sich über Kurznachrichten, mit oder ohne Fotos,
online und öffentlich auszutauschen. Als Profil werden entweder die echten Persönlichkeiten be-
schrieben, oder aber man nutzt die seiner
Haustiere, wie zum Beispiel seiner Katzen. Es
macht viel Spaß und man lernt sehr schnell gleich-
gesinnte Crazy Cat Ladies kennen.
Versuchen Sie sich doch mal als „Twitterkatze"
und treffen Sie dort meinen @KaterPauli... ;-)

Crazy Cat Lady

Für mich ist eine Crazy Cat Lady (zu deutsch „Verrückte Katzenfrau") eine Frau, die mit mehr oder weniger vielen Katzen zusammenlebt und sich vom gesellschaftlichen Leben zurückgezogen hat. Die Wohnung ist voll mit Katzenspielzeug, Kratzmöbeln und Leckerchen. Ihre Haare sind zauselig, die Frau selbst kauzig. Ich verwende diesen Begriff allerdings auch für mich und andere Katzenliebhaberinnen, die nur in Teilbereichen oder gar nicht diesem Klischee entsprechen, sondern lediglich große Katzenfreunde sind. Von einem Crazy Cat Man habe ich hingegen noch nie gehört, obwohl es miezselbstverständlich auch männliche Katzenverrückte gibt.

Züchter und Rassekatzen

Katzenzüchter züchten Rassekatzen. So weit, so gut. Es gibt Stimmen, die sich total dagegen aussprechen, weil sie der Meinung sind, es gäbe genug Katzen und Katzenzucht mache das Katzenelend nur noch größer. Da kann man geteilter Meinung drüber sein. Ich für meinen Teil glaube zumindest nicht daran, dass das Problem verwilderter Katzenkolonien weniger werden würde, wenn es keine Rassekatzen gäbe. Denn viele der

Katzeneltern wären mit einer Findelkatze aus unbekannter Herkunft total überfordert und würden folglich ganz ohne Katze leben.

Unter den Züchtern, das hatte ich bereits angesprochen, gibt es wunderbare Tierfreunde, die sich auskennen und alles Erdenkliche für ihre Katzenkinder tun. Und es gibt leider auch diejenigen, welche die Zucht nur zum Geldverdienen nutzen. Möchte man eine Katze aus einer Zucht adoptieren, sollte man die Auswahl der Rasse und des jeweiligen Züchters nicht unterschätzen. Die Wesensmerkmale der Rassen sind sehr unterschiedlich, weshalb man sich gut überlegen sollte, welcher Typ zu einem selbst passt. Steht die Rasse fest, sollte man sich tunlichst verschiedene Züchterzuhause ansehen, sich unterhalten und Informationen sammeln, um sich ein Bild machen zu können. Es kann gar nicht oft genug davor gewarnt werden ein Tier aus zweifelhafter Herkunft aufzunehmen.

Giardien

Giardien sind Einzeller, welche sich im Darm ansiedeln und eine wirklich fiese Angelegenheit. Sie verursachen gemeine Durchfälle, die gerade bei kleinen und geschwächten Katzen gefährlich werden können. Bei uns sind die Giardien seinerzeit mitsamt Pauli bei uns eingezogen und haben unsere Katzenfamilie eine ganze Weile auf Trab gehalten. Denn Giardien sind von Tier zu Tier, aber auch auf den Menschen übertragbar, weshalb man strengste, hygienische Maßnahmen einhalten muss. Durch den Durchfall können sie sich leicht verbreiten, da die Katzen manchmal nicht mehr in der Lage sind bis zur Katzentoilette zu kommen. Bei Pauli war es Gott sei Dank nicht so schlimm, dennoch mussten wir Dolly prophylaktisch mitbehandeln. Wenn eine Katze unter undefinierbarem langanhaltendem Durchfall leidet, sollte man nicht mit Hausmittelchen experimentieren, sondern die Ursache abklären. Jeder gute Tierarzt weiß was zu tun ist, vorausgesetzt die Katzeneltern unterschätzen den Durchfall nicht.

Feedback:

Wenn Sie mir Ihre Erlebnisse rund um das Thema Katze oder auch einfach nur Ihr Feedback zum Buch mitteilen möchten, so freue ich mich über eine E-Mail an: buch@schnurrifiziert.de

Über die Autorin:

Sabine Ruthenfranz ist im Bereich Marketing selbständig. Darüber hinaus schreibt sie für die Fachpresse der Heimtierbranche, berät Hersteller bei der Produktentwicklung für Katzenzubehör und ist Dozentin für die Themen Marketing, Kommunikation und Katze. Sie lebt und arbeitet mit ihren beiden Katzen Dolly und Pauli, welche sie tagtäglich bei Arbeit und Freizeit begleiten.

Buchungsanfragen für Seminare, sowie für Beratungsaufträge können Sie gerne per E-Mail senden an: info@rundum-gwk.de

Ratgeber Katzenpflanzen

Informationen rund um Katzen und Pflanzen finden Sie im Ratgeber: „Katzenpflanzen - geeignete Pflanzen finden, Giftpflanzen erkennen, Vergiftungen vermeiden" ISBN-13: 978-3735786371

Infos unter: www.katzenpflanzen.de